EDUCAÇÃO ESCOLAR
E AS TECNOLOGIAS DA
INFORMÁTICA

Luiz Carlos Pais

EDUCAÇÃO ESCOLAR
E AS TECNOLOGIAS DA
INFORMÁTICA

1ª edição
3ª reimpressão

autêntica

Copyright © 2002 by Luiz Carlos Pais

Capa
Jairo Alvarenga Fonseca
(Sobre foto da Stock Fotos)

Revisão
Rosemara Dias

Todos os direitos reservados pela Autêntica Editora. Nenhuma parte desta publicação poderá ser reproduzida, seja por meios mecânicos, eletrônicos, seja via cópia xerográfica, sem a autorização prévia da Editora.

AUTÊNTICA EDITORA LTDA.
Rua Aimorés, 981, 8º andar. Funcionários
30140-071. Belo Horizonte. MG
Tel.: (55 31) 3222 6819
Televendas: 0800 283 13 22
www.autenticaeditora.com.br

Pais, Luiz Carlos
P149e   Educação escolar e as tecnologias da informática /Luiz Carlos Pais . — 1. ed., 3. reimp. – Belo Horizonte : Autêntica, 2010. — (Trajetória, 8)

168p.
ISBN 978-85-7526-068-5

1.Educação. 2.Informática. 3.Tecnologia na educação.
I.Título. II.Série.

CDU 37
681.3

O princípio de toda tecnologia é mostrar como um elemento técnico continua abstrato, inteiramente indeterminado, enquanto não for reportado a um agenciamento que a máquina supõe. A máquina é primeira em relação ao elemento técnico: não a máquina técnica que é ela mesma um conjunto de elementos, mas a máquina social e coletiva, o agenciamento maquínico que vai determinar o que é elemento técnico num determinado momento, quais são seus usos, extensão, compreensão... etc.

Deleuze e Guattari, *Mil platôs*.

Sumário

Apresentação 09

Informação e conhecimento 19

Conceitos pedagógicos 29

Condições didáticas 43

Competência e tecnologia 55

Sistema didático 63

Leituras para a busca de referências 71

Tecnologia e conhecimento 91

Redes digitais 111

Espaço e tempo 127

Interatividade e simulação 143

Palavras para uma (in)conclusão 157

Referências bibliográficas 163

APRESENTAÇÃO

Este livro é composto por uma coletânea de ensaios referentes a uma multiplicidade de questões sobre a inserção da informática na educação escolar, procurando desvelar articulações possíveis entre o uso diversificado dessa tecnologia e o fenômeno da cognição. Sua redação foi conduzida com o objetivo de abordar aspectos potenciais e também desafios inerentes ao uso desse tipo de instrumento como suporte didático. A busca desse objetivo partiu do pressuposto de que uma utilização qualificada dos recursos digitais na educação traz implicações para a prática pedagógica, ampliando as oportunidades de acesso às fontes de informação, o que altera a forma de organização do trabalho docente e condiciona uma nova ordem de exigência profissional. Uma intenção latente à redação desse livro é também a vontade de despertar o interesse do leitor para participar da reflexão, incorporando a ela aspectos específicos de suas próprias áreas de atuação.

Por esse caminho, trata-se de valorizar as ponderações pertinentes às diferentes disciplinas escolares, evitando generalizações apressadas que possam diluir o discurso pedagógico. Para persistir nessa meta, questões são levantadas no transcorrer do texto, sem a pretensão de ditar respostas lineares, verdades binárias, modelos polivalentes ou reduzir a multiplicidade do tema.

Antes que nossas palavras sobre o uso das novas tecnologias sejam mal compreendidas, é preciso enfatizar que a disponibilidade física dos recursos tecnológicos, no meio escolar, por si mesma, não traz nenhuma garantia de ocorrer transformações significativas na educação. Todo entendimento nesse sentido deve ser corrigido, para não reduzir a importância do trabalho docente. A história da educação registra o equívoco representado pelo movimento tecnicista, quando se pensou que a técnica pudesse, por si mesma, promover mudanças significativas na escola. Essa observação reforça a conveniência de falar apenas em termos de possibilidade de expansão das condições educacionais, evitando afirmações que possam induzir um sentido categórico de mudanças. A ameaça dessa concepção tecnicista, quando se trata da inserção do computador na educação, deverá ser superada pela busca de referências compatíveis com a natureza dos atuais recursos digitais e com as novas condições da educação contemporânea. Nesse sentido, preferimos falar apenas em termos de potencialidade educacional a ser explorada. A possibilidade de uso desses recursos na educação escolar é vista como uma condição necessária para atingir exigências da sociedade da informação, mas está longe de ser suficiente para garantir transformações qualitativas na prática pedagógica. Como no caso dos demais recursos didáticos, não há condições de se pensar em termos de garantias de sucesso.

A virtualidade é uma noção adequada para expressar a potencialidade do uso educacional dos recursos digitais e, por conseguinte, permite uma forma de compreender os desafios para a superação das condições de sua atualização. Esta atualização ocorre através de resultados que sejam perceptíveis na dimensão de acontecimentos localizados e temporizados, ou seja, um acontecimento é atual se podemos identificá-lo no contexto do aqui e do agora. O virtual qualifica o que está predeterminado a acontecer, mas permanece em estado de latência, traz em sua essência condições para se realizar, mas não se pode falar em termos de garantia. O desafio maior é a passagem do estado de latência para um acontecimento no plano da atualidade. De maneira geral, o virtual está disponível a se atualizar, pois traz em sua essência condições para isso; entretanto, é uma disponibilidade desafiadora. Tem todo o potencial necessário para viabilizar a passagem para o atual, e o desafio para isso acontecer é justamente a criatividade dos envolvidos na sua dinâmica. Esta é a direção sinalizada para a educação contemporizada pelos desafios da era tecnológica da informática. Entretanto, especificamente sobre a atualização não se tem controle absoluto sobre os resultados. Caso isso fosse possível, deixaria de ser uma situação virtual e passaria a ser simplesmente um projeto pertencente ao pólo das possibilidades. Todo projeto latente no plano das idéias traz em sua concepção o exercício da criatividade, restando sua execução. A ausência de controle na atualização do virtual deve-se à necessidade do ato criativo. Em outros termos, a noção de virtualidade lembra algo em estado de devir e essa característica está contida na própria raiz etimológica do termo, o qual não comporta aproximação com o ilusório ou com o falso.

Uma das opções adotadas na redação deste livro é priorizar, sempre quando possível, uma abordagem conceitual das questões que interligam a educação ao uso da informática. Um conceito é entendido por nós como sendo uma noção que está sempre disponível para expandir o seu grau de generalidade e de abstração, se afastando do campo restrito das opiniões subjetivas e particulares. A valorização dessa abordagem conceitual se faz, em paralelo, com a enumeração de casos singulares que servem de exemplos para a universidade pretendida. Portanto, não se trata de defender nenhuma posição de isolamento no campo da pedagogia teórica, nem muito menos se perder no plano imediato do cotidiano.

Temos a consciência de que vários conceitos circulantes no debate didático do uso da informática na educação se encontram em franco processo de consolidação. Através dessa opção, pretende-se destacar aspectos relacionados ao uso educacional da tecnologia digital através de noções que se encontram em fase de objetivação e recebendo influências de vários saberes disciplinares. A finalidade em adotar essa abordagem é contribuir para a redefinição de práticas educativas à luz de uma referência teórica, tentando fugir das garras afiadas da opinião e do empirismo desvairados. Com isso, fica revelada ainda uma outra intenção desse trabalho que é contribuir com o leitor que deseja continuar com a realização de estudos dessa natureza, voltados para a pesquisa educacional.

A partir dessa abordagem conceitual, a digitalização é destacada por nós como uma noção que permeia vários outros conceitos associados ao tema deste livro. Trata-se de uma técnica de registro e de tratamento de informações através de uma seqüência lógica de dígitos, tendo como suporte o sistema binário de numeração e os recursos disponibilizados pela informática. Esta técnica conduz uma expressiva parte das relações que regem a sociedade atual, e, certamente, a educação escolar não está excluída desse contexto. Diversos tipos de informação são hoje ampliados, transformados e veiculados por meio dessa técnica. Obras de arte, textos, sons e movimentos são transformados em seqüências de dígitos, revelando uma forma mais segura de gerar, transportar e preservar a produção cultural da humanidade. Tonalidades de cores podem ser convertidas numa seqüência de números. Seria uma nova investida da matemática sobre outras formas de conhecimentos? Para os propósitos educacionais, compete destacar que textos, cores, tabelas, movimento, sons são convertidos em uma sucessão lógica de dígitos, cuja facilidade de preservação e de manipulação, através da tecnologia, supera a vulnerabilidade dos suportes anteriormente predominantes.

A facilidade de manipulação e a eficiência possibilitada pela técnica da digitalização trazem transformações significativas em diversos setores da vida social, incluindo a cultura, a ciência e a educação. Nesse sentido, o uso da informática tende a ser uma das características principais do período contemporâneo, tal como a invenção da imprensa ampliou a comunicação a partir do Renascimento.

Através do enfoque conceitual, buscamos exemplos que destacam implicações da utilização do computador no trabalho docente, com resultados diretos para as atividades propostas aos alunos. Se no plano mais amplo a sociedade vivencia mudanças significativas na organização geral da vida cotidiana, a escola não pode estar à margem desse processo evolutivo. Para refletir sobre esse desafio, é conveniente constatar que o contexto social mais amplo, no qual a escola se insere, está pulverizado por inovações tecnológicas, emergentes da sociedade da informação, descrevendo novas competências, sem o domínio das quais é praticamente impossível a conquista da cidadania. Assim, para tratar da potencialidade e dos desafios decorrentes do uso educacional das tecnologias digitais, destacamos a necessidade de refletir também a propósito das novas competências exigidas pela sociedade da informação, onde o interesse está mais particularmente voltado para aquelas referentes ao fazer pedagógico.

Tendo em vista que a prática docente está essencialmente associada à natureza das ações realizadas pelos alunos, a ampliação das atividades didáticas através do computador deve levar em consideração esses dois níveis de envolvimento. Ações de professores e alunos são redimensionadas pelo uso desse novo suporte didático, ditando uma postura de envolvimento que certamente não se identifica com as condições tradicionais. Em outros termos, a construção das competências objetivadas para a formação do aluno depende também da disponibilidade do professor de se engajar na redefinição de sua própria prática, incorporando a ela a componente tecnológica no processo de sua própria formação. Para isso, é preciso que a iniciativa individual de cada um seja exercida em sintonia com a capacidade de participar ativamente em propostas de trabalho coletivo.

Apresentação

As estratégias para a superação dos novos desafios deverão ser construídas em sintonia com a redefinição de novas diretrizes para a formação de professores, cuja dinâmica se volta para a tendência de virtualização das instituições formadoras. Em outros termos, os próprios professores, organizados em agenciamentos quase espontâneos, deverão se empenhar diretamente no processo de sua própria qualificação, para acompanhar o ritmo das mudanças motivadas pelo uso das novas tecnologias. Nesse sentido, a rede mundial de computadores, as listas de discussões, a educação à distância e as trocas de experiências são meios de engajamento no processo de formação do professor. Por vários elementos existentes na educação percebe-se que a avaliação passa a ser uma palavra de ordem. Esta tendência exige um envolvimento diferenciado por parte dos educadores no sentido de valorizar iniciativas inovadoras que contribuam para sua própria formação.

É possível perceber no cotidiano pedagógico uma certa expectativa, por parte de professores, quanto à vontade de utilizar os novos recursos da informática na educação. Muitas vezes, essa expectativa até mesmo se transforma em sentimento de insegurança ou de resistência em alterar a prática de ensino. Nesse caso, tal como acontece na sociedade, alguns se reservam o direito de se colocarem à margem das transformações induzidas pela tecnologia e certamente passam a ter menos condições de vivenciarem a nova ordem profissional. Por outro lado, grande parte dos professores percebe a necessidade de aprimorar suas estratégias didáticas através do computador. Mesmo identificando dificuldades relativas à formação, percebe-se a existência de uma consciência voltada para busca de propostas que possam atender a problemas lançados pela sociedade da informação. Essa expectativa nasce na prática e se desenvolve a partir da intenção de participar de uma educação compatível com a atualidade. Esse sentimento pode ser identificado pela grande procura, que normalmente ocorre, em palestras voltadas para essa temática, por ocasião da realização dos congressos educacionais.

Entre as novas competências exigidas pela sociedade da informação está, por exemplo, o uso da Internet, que é uma das mais importantes criações dos últimos tempos para a melhoria dos sistemas de informação e de comunicação e, conseqüentemente, para ampliar as formas de aprender e de ensinar. Uma das vantagens de uso da rede é o aumento da interatividade quando o usuário encontra-se diante do computador. Associada à possibilidade de realizar simulações digitais através de programas específicos, a interatividade se constitui como um dos componentes essenciais do fenômeno cognitivo. Mesmo que essa interatividade nem sempre envolva interlocutores humanos, trata-se de uma característica ampliadora das condições para ocorrer a aprendizagem. Dessa forma, em conexão com outras interfaces, a rede contribui para a melhoria das condições de elaboração do conhecimento.

Existem tecnologias que favorecem mais diretamente a expansão das condições de elaboração do conhecimento. Estas se caracterizam pela melhoria das condições de aprendizagem e isto depende da maneira como ocorre a relação entre o usuário e as informações contidas no software utilizado. Tudo indica que quanto mais interativa for essa relação, maior será o significado do conhecimento para o sujeito. Essa é uma das razões pelas quais a *interatividade* é eleita por nós como um conceito de interesse pedagógico. Analisada e discutida em diversas áreas que envolvem a comunicação, na educação esta idéia tem sua importância cada vez mais destacada. Para que um software possa favorecer uma aprendizagem mais significativa, deve intensificar a dimensão da interatividade entre o usuário e o universo de informações nele contido, não podendo mais simplesmente reproduzir as páginas do livro didático.

A forma linear de apresentação textual do livro, concebida sempre em numa ordem seqüencial e hierarquizada, não é suficiente para explorar todas as alternativas de aprendizagem que os dispositivos computacionais oferecem. É preciso priorizar programas criados a partir de uma dinâmica *hipertextual*, caracterizada pela existência de várias opções representadas por vários nós e *links*, sinalizando caminhos múltiplos que o usuário deve escolher por sua livre iniciativa e autonomia. Essas habilidades, propiciadas e exigidas pelo uso dos computadores, mostram o direcionamento da redefinição de novos objetivos a serem alcançados na prática educativa. Não podemos nem mesmo insinuar que no hipertexto não tenha nenhuma linearidade, pois na construção do seu algoritmo básico o seu criador utiliza um raciocínio fundamentado numa lógica seqüencial. Assim, tais programas são inovadores por conciliarem uma lógica seqüencial com uma aparente ausência de seqüência a ser seguida pelo usuário.

A partir dessas observações, lançamos a hipótese de que a utilização da informática como recurso didático condiciona situações favoráveis à formação de competências exigidas pela era tecnológica, mas em contrapartida lança também desafios que alteram as condições do trabalho docente e de atividades realizadas pelos alunos nos diversos níveis educacionais. Para aprimorar essa hipótese, descrevemos aspectos relativos à formação de conceitos pedagógicos influenciados pelo uso dos recursos digitais na educação. Assim, esperamos que a projeção dessa hipótese na prática escolar possa influenciar a criação de referências teóricas compatíveis, além de ampliar a função das fontes de informação na aprendizagem e favorecer uma redefinição de valores, métodos e conteúdos, abrindo espaço para uma ampliação das formas tradicionais de aprendizagem e ensino.

A temática da inserção da informática na educação situa-se em um território onde se destaca a confluência de transformações tecnológicas e de novas condições de aprendizagem. Alguns elementos dessa confluência são resumidos na seguinte questão: Em que sentido a inserção da informática na educação condiciona alterações nas condições de organização e realização do trabalho didático e quais são os elementos de uma referência teórica para fundamentar tais mudanças? Esta é a linha de reflexão pretendida na apresentação dos próximos capítulos.

INFORMAÇÃO E CONHECIMENTO

Uma questão relevante na reflexão sobre o uso da informática na educação consiste em considerar dificuldades inerentes à síntese do conhecimento a partir das informações que lhes sirvam de substrato. A síntese de um conhecimento ocorre sempre a partir de informações, mas o conhecimento em si mesmo não deve ser confundido com os dados informativos. Da mesma forma como ocorre na natureza, na elaboração do conhecimento também não existe geração espontânea. Todo conhecimento tem uma precedência. Até mesmo quando se trata de uma aprendizagem colhida com o suor diário da experiência, o produto final da aprendizagem sempre resulta de dados precedentes. Por mais primária que seja uma aprendizagem e por mais simples que possa parecer, sempre envolverá o desafio de transpor dados isolados para algo mais significativo para o sujeito cognitivo. Conhecer não deve mais ser confundido com a posse de uma coleção de dados; tudo deve ter um significado e uma operacionalidade para o aluno. Destacamos esse aspecto em virtude dos recursos digitais, tal como a Internet, se constituírem em um importante meio para a obtenção de informações, sendo estas entendidas como matéria prima para a elaboração do conhecimento.

Quando se torna possível expandir o acesso a bancos de dados de interesse educacional, é importante destacar que a falta de informações é certamente uma das dificuldades maiores para a elaboração do conhecimento. Com o uso das redes digitais, o excesso de informações surge, até mesmo, como um desafio a ser superado na prática educativa, sinalizando para a existência de uma competência mais específica que é a seleção do material a ser trabalhado por professores e alunos. As informações são entendidas num aspecto mais fragmentário, quando comparadas ao conhecimento como algo vivenciado efetivamente pelo sujeito cognitivo. As informações são quase sempre pontuais e impessoais, tais quais os números registrados em uma tabela ou os dados contidos num mapa geográfico. Por exemplo, ter um conhecimento sobre a realidade geográfica representada por um mapa é algo essencialmente diferente do que simplesmente ter o mapa diante dos olhos.

O desafio da aprendizagem se caracteriza pelo fato do conhecimento ser essa síntese, efetivamente vivenciada pelo sujeito, obtida a partir de informações. Por mais que consideremos a dimensão social da aprendizagem, não é conveniente reduzir a complexidade desse fenômeno que ocorre estritamente no plano da compreensão individual do sujeito, sobretudo, quando nossa intenção se volta para o fazer pedagógico. Entendemos que o conhecimento tem um caráter mais enraizado na subjetividade do que a objetividade de um rol de informações. A partir dessa concepção, o conhecimento tem uma qualidade mais operacional para o sujeito, podendo ser aplicado em situações do cotidiano. Considerar esta distinção entre conhecimento e informação torna-se mais necessário na era das tecnologias digitais, cuja utilização amplia as possibilidades de obtenção de informações e assim multiplica as condições de elaboração do conhecimento.

Não se trata de reduzir a importância das fontes tradicionais de informação, tais como o texto impresso, a comunicação verbal ou até mesmo a coleta de dados empíricos. O prioritário é reconhecer que os recursos tecnológicos digitais não só redimensionam as condições de acesso às fontes de informação, como também ampliam as situações de aprendizagem, o que significa multiplicar as condições potenciais de acesso à educação escolar. O risco maior para os resultados da prática educativa é imaginar que essas ampliações sejam dádivas graciosas do mundo globalizado e que a educação estaria prestes a vivenciar uma revolução. Não nos associamos a esse entendimento e nos empenhamos em explicitar, pela via da vigilância, os desafios e o uso potencial do computador, sem recair nas malhas de um discurso eufórico.

Nesta direção se encontra a dinâmica de virtualização das práticas educativas, sinalizando para o desafio do desenvolvimento de propostas metodológicas, envolvendo conteúdos e objetivos mais contextualizados e articulados entre si através das multimídias. O advento dessa prática traz, em paralelo, a exigência de competências próprias e mais adequadas ao uso dos instrumentos informatizados, tanto para o professor como para o aluno.

No fluxo desse movimento, a tecnologia amplia as condições de acesso às fontes de informação, mas não há nenhuma garantia de que tal recurso seja suficiente, por si mesmo, para efetivar a síntese representada pela cognição. Aliás, ao trabalhar com o fenômeno da aprendizagem, torna-se praticamente impossível pensar e agir em termos de garantias. Quando se trata de considerar os desafios da transposição de informações primárias para a síntese do saber, através do uso da informática, as questões didáticas se multiplicam e abrem espaço para uma vasta temática de pesquisa. Entre a disponibilidade de informações e o conhecimento pessoal, está a exigência de uma competência para promover essa síntese. Não se trata de esperar serenidade nesta forma de cognição através de recursos digitais.

A formação do conhecimento requer informações obtidas a partir de fontes vivenciadas pelo sujeito, passando por experiências empíricas, pela via silenciosa da leitura e da escrita, pela rapidez da oralidade, pela solitude da reflexão individual, pelo tumultuoso debate coletivo, entre várias outras. Entretanto, com a atual expansão do uso do computador, esta lista fica enriquecida pela rede mundial de informações, cuja extensão serve de interface para mediar várias das fontes tradicionais, pois nela se encontram textos, espaços para comunicação direta, reflexões com os mais variados níveis de racionalidade e empirismo. Por esse motivo, as condições de acesso às informações não são as mesmas do tempo em que não existia computador. Mas, para direcionar esta reflexão para o plano pedagógico, é preciso voltar a considerar o tripé fundamental do sistema didático, envolvendo professor, aluno e saber.

Informação e conhecimento

Se em um passado recente o professor exercia um papel de centralizar como a principal fonte de informações para o aluno, hoje, com a ampliação das redes digitais, sua prática sofre uma ampliação considerável. O entendimento mais equivocado, do ponto de vista didático, seria insistir no entendimento de que o professor possa competir com o computador na execução dessa tarefa de registrar e disponibilizar informações para o aluno. Esta é uma concepção que se localiza na contramão das condições impostas à educação contemporânea. Mas não é só isso; é preciso relembrar ainda que o excesso de informações coloca uma questão tão desafiadora para a aprendizagem tal qual a dificuldade em obter esses dados primários para a aprendizagem. Nesse sentido, cresce a cada dia a necessidade de um novo desafio docente que é a competência de trabalhar com informações, ter competência para pesquisá-las, associá-las e aplicá-las às situações de interesse do sujeito do conhecimento.

Quando nos dispomos a estudar a inserção do computador em sala de aula, é inevitável ter que aproximar a dimensão abstrata da aprendizagem da concretude das máquinas digitais. A princípio, podemos ser tentados a estabelecer divisões categóricas, não permitindo que uma habilidade de natureza intelectual se contamine com a frieza de um conjunto de interfaces computacionais. Na realidade, esse tipo de entendimento é apenas uma manifestação do pensamento dualista, onde as divisões são diluídas por todas as instâncias da interpretação humana. A consideração da multiplicidade no fenômeno cognitivo leva a uma direção diferente dessa visão acostumada a trafegar somente em via dupla, pois se admite que a unicidade do ato de

23

aprender se faz por uma diversidade de dimensões, na qual se inclui o plano material dos recursos tecnológicos. Não há como conceber separações absolutas entre o plano psicológico da cognição e a totalidade de forças que revestem a experiência humana e os dispositivos tecnológicos que participam dessa experiência.

O plano psicológico da aprendizagem e o território dos aparatos tecnológicos não devem ser vistos como dimensões antagônicas, pois somente através da experiência cognitiva se torna possível a criação de novos conhecimentos para construir os computadores e as interfaces da multimídia. Pretendemos indagar em que sentido a utilização das tecnologias digitais pode alterar ou simplesmente trazer implicações para as concepções usuais de aprendizagem. Esta nos parece ser uma questão importante, pois a aprendizagem é um dos conceitos capilares da didática, e toda proposta de ensino tem sua potência ampliada quando se lançam articulações múltiplas nas atividades de ensino. Temos, nesse aspecto, uma das direções necessárias para a prática pedagógica da era tecnológica.

Somos favoráveis a assumir sua diversidade e descartar qualquer tentativa de enquadrá-la em modelos ou estruturas absolutos. Como fenômeno ligado ao plano mental, precisamos lançar um pouco de ordem e um agenciamento para buscar a elaboração do conhecimento. Este é um dos filamentos do rizoma da aprendizagem. O que resta é lançá-lo sobre uma fagulha de substrato para que possa crescer e alastrar suas linhas de articulação. A partir disso, toda proposta de ensino deve considerar a magia desse momento de interação, quando o aluno se encontra no íntimo contato com o objeto, com aquilo que pensa ser o objeto do conhecimento.

Estamos interessados em refletir sobre as implicações do uso da tecnologia digital no fenômeno cognitivo. Em que sentido a aprendizagem acompanha o ciclo evolutivo da criação tecnológica? A aprendizagem através do computador faz com que o sujeito se insira numa experiência de elaboração do conhecimento? Por certo, não temos ainda respostas prontas para todas essas questões, mas já é possível perceber uma consciência voltada para essa direção, quando se questiona a participação da escola na preparação do aluno para o exercício da cidadania. Assim, as práticas educativas devem estar em sintonia com os desafios próprios da sociedade da informação. Se a tendência verificada mostra uma exigência de maior autonomia, adaptabilidade, iniciativa, criatividade e rapidez, a educação não deve se distanciar da busca dessas habilidades. Por certo, a escola não tem a função de preparação para o trabalho, mas nem por isso deve desconsiderar essa realidade. A relação entre o aluno e o saber distante do seu mundo não é suficiente para uma aprendizagem significativa.

Toda aprendizagem comporta um nível de complexidade, da mesma forma como a formação de todo conceito. Até mesmo as noções preliminares, aquelas que são aparentemente simples, tais como os primeiros axiomas, têm uma complexidade extensível em uma dimensão que lhes é própria. Isso somente não é percebido quando se tenta isolar radicalmente os territórios das ciências e da filosofia. Se todo conceito é formado por conceitos anteriores, a síntese resultante da criatividade caracteriza-se como a própria essência da complexidade. A complexidade é um conceito de interesse pedagógico porque revela a existência de um código cujo domínio pertence também aos desafios do ato de ensinar.

O trabalho com esse código é necessário para a elaboração dos saberes escolares.

A aprendizagem é sempre complexa, mas há um momento particular que é ainda mais delicado, que é aquele revelado pelo seu começo. Tudo deve ser levado em consideração quando suas pequenas raízes ousam se lançarem para fora do mundo virtual. É o rizoma tentando lançar seus filamentos em algum substrato que lhe dê sustentação. É a criança quando começa a explorar o mundo por meio de suas mil questões. O início da aprendizagem ocorre também diante desse mesmo desafio. Um gesto, uma palavra, uma experiência, uma resposta, um colorido, tudo pode alterar o rumo da experiência humana. Por esse motivo, as máquinas não podem, por si mesmas, se constituírem em instrumentos auto-referentes.

A atuação do professor, mesmo por uma dinâmica virtual, deve atentar para o lançamento da base sobre a qual se lança a busca do saber. Este é o desafio da superação da inércia, do zelo pelas primeiras noções sobre as quais o saber será edificado e somente os computadores são incapazes de responder por esse início da cognição. Diante desse desafio, é preciso destacar que a ação pedagógica não se resume a uma apresentação linear e seqüencial de conteúdos, como aparece na fase final da formalização do saber. A nitidez dessa apresentação é uma ilusão e o desafio didático ultrapassa esse nível de formalidade. Não se trata de reduzir a importância da formalização do saber, pelo contrário, estamos sinalizando para a existência de uma questão cognitiva muito mais complexa, anterior à sistematização dos conteúdos.

A aprendizagem está interligada à formação de conceitos, envolvendo articulações, rupturas e a superação de obstáculos para a elaboração do conhecimento, quer seja no plano individual ou social. Uma experiência cognitiva sempre incorpora um elemento novo em relação aos conhecimentos anteriores. A criatividade e as outras habilidades envolvidas formam uma via de acesso para uma aprendizagem significativa, compatível com a era da informática. Essa via não é um espaço exclusivo das ciências e envolve todas as áreas do currículo escolar.

A evolução do conhecimento se faz por um permanente movimento de retificações sucessivas, e para exercitar esse princípio, lançado por Bachelard (1977), é preciso destacar que a singularidade de um primeiro contato, seja através de uma simples definição ou de outra representação qualquer, não é suficiente para expressar a multiplicidade de sentido contido em um conceito. A diversidade de casos filiados a um conceito não é algo que se perceba no imediato de um primeiro contato, pelo contrário, experiências primárias podem funcionar como obstáculos à formação de uma idéia científica. Para cultivar um contato mais duradouro com o conceito, é preciso uma permanente disponibilidade de interpretação evolutiva através de retificações sucessivas, pois ele se constitue na pedra angular para a elaboração de conhecimentos.

As inovações condicionadas pelo uso dos recursos da informática na educação envolvem ainda a consideração da incerteza como um princípio permanente na formação do ideário pedagógico adaptado às exigências da educação contemporânea. É indispensável circular mais tempo em torno dessa polaridade, melhor refletindo sobre a visão ilusória de se admitir a existência de um acerto ou de um erro absolutos. Em uma primeira vista, a ciência deixa transparecer ao leigo que se trata do mais absoluto território da certeza. Lembremos da lição de Popper que nos ensina algo completamente diferente. O que não pode ser submetido a um teste de falseabilidade não é conhecimento científico, passa a pertencer ao reino imperioso dos dogmas cristalizados pela velhice. As verdades científicas são defendidas até o momento em que forem refutadas por uma experiência particular ou por um contra-exemplo.

Falar de incerteza, certamente, provoca um certo mal-estar, quando prevalece ainda o hábito de defender verdades prontas e absolutas impostas pela tradição positivista. O resultado dessa tradição é muito mais dar explicações, relacionando causa e efeito, do que levar o educando a indagar, formular questões ou elaborar hipóteses e problemas. Entretanto, cultivar o hábito de indagar e elaborar problemas não faz parte das práticas tradicionais. Com esse espírito, a reconfiguração das práticas pedagógicas se faz através de ciclos de reflexões e ações, racionalizando e experimentando. Entretanto, não podemos esquecer que falar em incerteza, diante das ciências disciplinares, pode causar estranheza, pois, se por um lado a educação tradicional defende o conhecimento absoluto, por outro, exige também uma ampliação desse entendimento com uma redefinição dos conceitos científicos. Não há condições de atribuir à escola a função de transmitir pretensas verdades absolutas, pois isso nega a gênese da ciência.

Conceitos Pedagógicos

A inserção dos recursos tecnológicos da informática na educação escolar pode contribuir para a melhoria das condições de acesso à informação, minimiza restrições relacionadas ao tempo e ao espaço e permite agilizar a comunicação entre professores, alunos e instituições. Além disso, torna-se possível trabalhar com softwares específicos para cada disciplina. Por outro lado, é pura ilusão pensar que tais vantagens são apenas graciosidades do mundo globalizado para amenizar conflitos ou corrigir injustiças impostas pelas diversas correlações de poder. No plano didático, o uso da informática traz também desafios de diferentes ordens, envolvendo a necessidade de rever princípios, conteúdos, metodologias e práticas compatíveis com a potência dos instrumentos digitais. Não se trata de esperar, aqui, teorias que possam servir de modelo, mas, neste capítulo, descrevemos conceitos pedagógicos, os quais consideramos de interesse para a superação de desafios correlacionados ao uso da informática em sala de aula.

Realidade virtual na educação

O virtual entendido como a soma de todas as potências que podem ser transformadas em eventos da atualidade é um conceito de profundo interesse pedagógico, pois destaca o desafio da criatividade de uma nova idéia e não concebe a existência de um modelo que possa garantir a atualização desse resultado. O virtual filosófico, definido por Deleuze (1996), não pode ser confundido com o sentido ilusório e fantasmagórico passado pelo senso comum. O virtual tem origem no termo *virtus,* cujo sentido está associado à potência daquilo que existe em estado de latência, aguardando sua atualização em forma da resolução de um problema.

Nesse sentido, é preciso destacar a tendência de virtualização das práticas educativas, pois a presença física dos sujeitos envolvidos no sistema educativo tende a ser ampliada pela presença virtual, onde dispositivos digitais passam a exercer um controle mais sistematizado do envolvimento de cada um no processo educativo, fazendo com que a sociedade da informação se confunda com a sociedade do controle. Cartões magnéticos, fotossensores, câmeras, registros digitais e vários outros dispositivos passam a exercer um controle mais intenso em diversos setores da vida social. O virtual não deve ser entendido como o oposto da realidade imediata, pois, em sua dimensão, existe numa realidade que lhe é própria. O virtual se traduz pelo que existe potencialmente, e nesse sentido se opõe aos acontecimentos imediatos da atualidade. Os desafios envolvidos na passagem do virtual a uma solução atual de um problema qualquer exige do sujeito a habilidade de realizar uma série de articulações.

Articulação do saber

Todo conhecimento envolve algum tipo de articulação. Desde a relação básica entre o sujeito e o objeto, o particular e o geral e todas as demais dualidades, sempre é possível destacar alguma ordem de articulação entre no mínimo duas instâncias ou pólos. Por esse motivo, a articulação de conteúdos, envolvendo os saberes escolares, é uma condição necessária para a ampliação do significado dos conteúdos estudados curriculares. Por esse motivo, é importante cultivar o princípio de interpretar fenômenos educacionais através de conceitos. Quando se trata da aprendizagem, a função educativa da elaboração conceitual não é somente conduzir o pensamento do aluno na busca de essências, como se fosse possível apreender uma verdade última. O que importa é tentar compreender os fatos delineadores do contexto e suas possíveis articulações com as idéias invariantes do conceito construído.

Nessa perspectiva, surge uma ampliação da interpretação voltada para a busca da essência última do fenômeno. O fato de priorizar a dimensão do contexto como elemento formador do conceito induz uma postura pedagógica. Para a formação de competências próprias da educação contemporânea, é preciso lembrar ainda da importância da articulação entre conteúdos procedentes de diferentes disciplinas. Se houve uma época em que as disciplinas escolares sobreviviam através do fechamento de suas fronteiras, criando territórios isolados, a superação dessa concepção toma, hoje, um sentido fundamental para a expansão de seus valores educativos. A superação desse desafio passa pelo cultivo de uma postura interdisciplinar na prática pedagógica.

Para atender a esta necessidade, observa-se que uma tendência é a valorização de recursos que apresentem sugestões de atividades, envolvendo a articulação de conteúdos de áreas distintas. Alguns textos didáticos da atualidade indicam essa tendência de mudança, propondo uma aproximação de conteúdos relacionados às diversas disciplinas escolares. Se a valorização da articulação ultrapassa a tentativa de aproximação de conteúdos, essa é uma direção importante de mudança.

A inserção das novas tecnologias da informática na educação escolar é um fenômeno caracterizado por uma multiplicidade de dimensões, e por esse motivo pode contribuir para a ampliação das condições didáticas para realizar articulações dessa natureza. Cada uma dessas dimensões da articulação resulta do entrelaçamento de várias outras, formando um rizoma, no qual é impossível impor uma hierarquia ou estabelecer uma soberania de um saber em detrimento de outros.

A complexidade pedagógica existente na articulação mostra a impossibilidade de abranger a essência da questão com base no referencial de uma única área de conhecimento. Qualquer tentativa nessa direção seria uma redução não conveniente para fundamentar uma proposta educacional pluralista. Por essa razão, a compreensão dos atuais desafios educacionais passa pela consideração da visão transdisciplinar como mais um conceito pedagógico.

Transdisciplinaridade

A expansão do uso da informática na educação reforça a importância de considerar a função pedagógica da transdisciplinaridade. Dizemos que um conceito é transdisciplinar quando ele tem a propriedade qualitativa de transitar e de ser do interesse de diversas áreas disciplinares. Por exemplo, a categoria da argumentação do saber, entendida como as provas metodológicas da validade de regras, de proposições ou de modelos no contexto de uma ciência. Este é um conceito pedagógico transdisciplinar, pois é valorizado quase sempre por todas as disciplinas. Tais conceitos têm a potência de ampliar o significado do saber, e por esse motivo podem ser estudados em sintonia com o movimento de inserção da informática na educação.

Os conceitos pedagógicos transdisciplinares são oriundos de diferentes áreas, mas eles se transformam no decorrer na transposição didática, no sentido de contemplar a dimensão educacional da diversidade escolar. A princípio, a aplicação de tais conceitos não se limita a um único território. Por esse motivo, é conveniente pensar em termos de ampliação da dimensão disciplinar, mas, quando falamos em ampliação das fronteiras tradicionais dos saberes escolares, não temos a intenção de reduzir a importância do aspecto disciplinar.

É importante lembrar que ciência é disciplinaridade e que esta qualidade se realiza pela sistematização, pela formalização e pela coerência metodológica. Cada área tem suas próprias características no que se refere à disciplinaridade. Com isso queremos dizer, por exemplo, que os geógrafos têm uma maneira própria de expressar a disciplinaridade do saber geográfico, da mesma forma como os matemáticos respeitam normas disciplinares próprias de expressão do saber matemático. Entretanto, admitimos que a dimensão disciplinar não é contraditória com a visão transdisciplinar, e reconhecer essa complementaridade de uma em relação a outra é de fundamental importância para ampliar o significado da educação escolar.

Há um grande movimento na atualidade, procurando revelar laços de proximidade entre as diversas disciplinas científicas, para resgatar parte dos prejuízos trazidos pela fragmentação histórica das ciências. Várias noções destacadas nesse livro procuram manter esse vínculo de ampliação da noção usual de disciplina, procurando disponibilizar uma visão educacional que atenda, simultaneamente, a necessidade crescente das especializações, sem perder os vínculos necessários com a consciência mais ampla da diversidade na qual a educação está inserida. Assim, ao analisar a prática educativa inerente ao uso da informática, não podemos nos delimitar ao trabalho isolado e individual de uma única área ou de um único profissional, de onde surge a necessidade de considerar a dimensão coletiva da inteligência humana.

Inteligência coletiva

A inteligência coletiva é a possibilidade de que a união de competências individuais de uma equipe pode produzir resultados mais expressivos do que a soma dos resultados particulares de cada membro dessa

Conceitos pedagógicos

equipe. Este é um dos conceitos descritos por Lévy (1999), no livro *A Inteligência Coletiva*, e o interesse que temos em projetá-lo no campo pedagógico fica mais em evidência a partir do momento que se torna possível a utilização de suportes tecnológicos para dinamizar o trabalho coletivo. Portanto, não trata de uma novidade inerente ao uso do computador, pois o conhecimento social sempre esteve relacionado ao trabalho coletivo. No contexto da atualidade, ao estudar a inserção dos computadores na educação escolar, a diferença está na possibilidade de multiplicar as condições de organizar coletivos inteligentes através do uso das redes de computador e de outras interfaces digitais. Acreditamos que o importante dessa possibilidade é explicitar, pela via tecnológica, a dimensão coletiva do trabalho e projetá-la no quadro de uma ampliação dos atuais recursos educacionais.

De uma maneira implícita, na atual tendência de formação do professor está a necessidade de valorizar a criação de dinâmicas coletivas de trabalho no âmbito das próprias instituições escolares. Essa iniciativa tem como objetivo motivar a participação dos próprios professores na solução dos atuais desafios pedagógicos da educação escolar.

Uma das tendências de mudanças sinalizadas para a educação é uma maior valorização das diferentes formas de conhecimento, inspiradas pelas transformações decorrentes do uso da tecnologia. O desafio didático correspondente a esta tendência consiste na compreensão do sentido da diversidade e na sua incorporação na dimensão prática da sala de aula. O sentido dessa diversidade pode ser ilustrado pelo exemplo descrito por Lévy e Authier (1995), de experiências feitas com o software *As Árvores de Conhecimentos*, propondo uma redefinição da apresentação hierarquizada e linear dos conteúdos escolares. Este software exemplifica uma alternativa para viabilizar uma transformação dos saberes e a valorização de um coletivo inteligente a partir da participação efetiva dos alunos. Mesmo que essa experiência possa ser ainda considerada utópica, trata-se de um projeto estimulante por propor uma abordagem diferenciada dos saberes escolares, esboçando a prática de um coletivo comprometido com a ampliação das condições de aprendizagem. Exemplos como esse indicam uma mudança de concepção curricular e destacam fontes mais significativas para a educação escolar, cujas transformações passam pelo longo processo de evolução da transposição didática.

Transposição didática

No transcorrer de um determinado período, toda criação tecnológica condiciona mudanças mais amplas no contexto cultural e social. A partir dessa difusão, tem-se início a formação do campo de atuação da educação escolar. Entretanto, a passagem de um benefício tecnológico para a escola está condicionada a uma série de mudanças, formando uma extensa rede de influência conforme analisou Chevallard (1991), na caracterização da transposição didática, no contexto da Educação Matemática. Este conceito caracteriza a movimentação dos saberes, desde as fontes acadêmicas até às práticas escolares. Essa passagem do saber rumo à escola é o resultado de um sistema de forças cuja compreensão envolve várias dimensões do fenômeno educacional. Diversas fontes de influência participam dessa movimentação:

cientistas, professores, autores, especialistas, legisladores, técnicos, políticos, pais, alunos, entre outras. Todos exercem algum tipo de influência na valorização final dos saberes estudados na escola.

Uma questão que fornece boas temáticas para a investigação educacional é aquela que indaga pelas possíveis alterações no fluxo da transposição didática em decorrência do uso dos recursos tecnológicos. Um caso específico nessa direção são as alterações possíveis das fontes de influências na constituição do saber escolar, que ficam amplamente redimensionadas com o uso da rede mundial de informações. A seqüência tradicional que passava pelo cientista, pelos autores de livros didáticos, pelos especialistas em educação, pelos professores, entre outros, fica ampliada por uma série de fontes que lançam na rede mundial seus *sites* sobre os mais variados temas.

Desvelar parte da malha de influência interferente na transposição didática não é uma tarefa evidente, pois as regras nem sempre são explícitas ou permanentes. Nesse aspecto, a passagem da produção científica e tecnológica para a educação acontece sob efeitos equivalentes aos observados no funcionamento da noção de contrato, revelando a existência de regras implícitas que condicionam o ensino escolar.

Diversas fontes de influências exercem controle sobre o fluxo de conhecimento direcionado para a educação escolar. Apesar da dificuldade de compreensão da totalidade dessas influências, esta é uma reflexão necessária para subsidiar propostas educacionais compatíveis com a era da informática.

No que se refere à inserção do uso do computador na educação escolar, admitimos a hipótese da possibilidade de ocorrer alterações nas regras que conduzem a prática pedagógica, com diferentes projeções nas diversas áreas do saber escolar. A disponibilidade de informações educacionais na Internet traz implicações na ordem geral da aprendizagem e pode sinalizar para alterações no próprio contrato pedagógico.

Devolução didática

Nas práticas pedagógicas mais usuais, o professor normalmente planeja e aplica atividades supostamente favoráveis ao desenvolvimento de uma aprendizagem específica. Entretanto, tendo em vista a diversidade do fenômeno cognitivo, não há como pensar em termos de garantias quanto ao sucesso dos resultados dessa ação. Assim, além de aplicar as atividades, compete também ao professor verificar se a elaboração do conhecimento foi razoavelmente efetivada pelo aluno. Se esta apropriação não ocorreu de forma satisfatória, envolve aí uma questão de avaliação e o trabalho do professor deve ser redirecionado no sentido de promover uma *devolução didática* adequada ao aluno. É uma tentativa de redirecionar o curso da aprendizagem, visualizando sempre as opções de valores, objetos e método.

Este é um conceito proposto por Brousseau (1996), a partir de observações referentes ao ensino da matemática, onde a especificidade do saber recebe uma atenção especial. Esta devolução torna-se possível em virtude da interatividade existente na relação didática, onde o professor identifica os diferentes níveis de conflitos e dificuldades.

Nosso interesse, ao estudar o problema da inserção das mídias interativas na sala de aula, é identificar

Conceitos pedagógicos

possíveis alterações decorrentes do uso do computador na forma de conduzir essa devolução didática. Se ela não ocorrer diretamente, pelas vias da comunicação direta e presencial, temos o desafio de desenvolver estratégias que permitem sua realização através das múltiplas interfaces da informática. Se as atividades propostas pelo professor não produzem os resultados esperados, surge a necessidade de um reinvestimento pedagógico em busca de uma nova forma de apresentar o conhecimento ao aluno e assim ampliar as condições de aprendizagem, sendo esta uma atribuição do professor. No caso da educação à distância, que se encontra em franca expansão pela via digital, acreditamos ser de grande interesse reinvestir esforços no sentido de compreender novos patamares do conceito de devolução didática, reforçando os laços indissociáveis entre professor, aluno e conhecimento.

O não acatamento dessa atribuição pode se caracterizar como uma brecha para a ruptura do contrato didático, além de significar a desistência de engajamento no processo de ensino e, portanto, em um abandono da dimensão profissional da docência. Brousseau observa que a obrigatoriedade de devolução é uma das condições que normalmente permanece implícita no contrato didático. Em outros termos, se o professor não busca novos caminhos para a aprendizagem, ele rompe uma das condições fundamentais para a continuidade do processo educativo. A ocorrência de uma ruptura durante as atividades de ensino é também uma oportunidade para refletir sobre as responsabilidades e os compromissos envolvidos. De uma forma geral, o uso da informática na educação escolar pode oferecer novas regras para o funcionamento

39

do sistema didático, possivelmente sinalizando para exigência de maior autonomia e iniciativa do aluno. Quando tratamos de aspectos mais específicos da aprendizagem tal como é o caso da representação plana de conceitos, o uso da informática sinaliza para a possibilidade de uma nova maneira de expressar as idéias representadas através de figuras em movimento.

Ideografias dinâmicas

A ideografia dinâmica é um conceito descrito por Lévy (1996), abordando o problema da representação do conhecimento por meio de signos dotados de movimento. Consideramos esta uma noção pedagógica importante para servir de referência para o estudo das alterações didáticas decorrentes do uso da informática, em nível da comunicação e da linguagem visual. Esta é uma realidade já comprovada tendo em vista a disponibilidade no mercado de vários softwares educativos que utilizam a animação de imagens. Segundo nosso entendimento, trata-se de um conceito com amplas possibilidades de estabelecer linhas de articulação entre o uso da informática e a representação de conceitos por meio de uma imagem. A ideografia dinâmica é uma proposta de linguagem por meio do computador e envolve a idéia audaciosa de servir como um recurso comparativo com o sistema mental de seus usuários, o que faz dela uma noção apropriada para melhor compreender o fenômeno da aprendizagem.

A ideografia dinâmica envolve a concepção de que é possível se aproximar do universo caótico das imagens mentais através do suporte tecnológico. Por ser um recurso tecnológico que envolve a dinâmica do movimento, sinaliza como sendo um recurso didático muito mais próximo da forma cerebral de registro de imagens. Inovações didáticas resultantes da utilização do computador podem ser ilustradas por softwares destinados ao ensino da geometria, incorporando o recurso do movimento e da simulação na representação de conceitos. Essa é uma novidade, uma vez que o movimento é um recurso mais próximo da flexibilidade da representação por imagens mentais, restritas ao cérebro humano.

Por esta razão, as representações dotadas de movimento contribuem melhor para a formação de conceitos. Mesmo que o movimento não seja, a rigor, um conceito geométrico euclidiano, pois todos seus elementos são estáticos, sua utilização poderá dinamizar o processo de representação e de aprendizagem da geometria. De uma forma geral, a representação por um desenho é um recurso usado não somente na matemática; portanto, a incorporação de representações dinâmicas é uma estratégia extensível a várias disciplinas.

CONDIÇÕES DIDÁTICAS

A condução da prática pedagógica requer do educador a disponibilidade de um espírito de vigilância permanente para superar dificuldades que surgem em situações vivenciadas pelos alunos e por ele mesmo. A inserção do uso do computador na educação escolar, além de trazer benefícios específicos, traz também dificuldades a serem superadas por todos aqueles que pretendem continuar no exercício de sua cidadania. Por certo, esse desafio ultrapassa os limites da instituição escolar, mas para a compreensão do objeto didático uma dimensão da questão pode ser analisada em relação aos alunos e professores.

A superação dessas dificuldades depende, em parte, da percepção das condições existentes através do uso da tecnologia. Trata-se de identificar, por exemplo, a potencialidade e a eficiência da fonte de informações que a rede Internet representa em relação às outras fontes anteriormente predominantes. De fato, as condições de acesso a informações são diferenciadas em relação ao exclusivo manuseio do livro de papel. Além dessas condições da técnica digital, a prática educativa também acontece com base em valores e costumes que conduzem as atividades realizadas na escola. A rapidez, a eficiência e a disponibilidade das informações trazidas pela mídia digital não trazem implícitos valores diferenciados em relação ao ritmo lento e sereno das páginas do livro. Não é possível deixar de lado a categoria da consciência como uma componente básica na vivência desses novos desafios. Qualquer desconsideração nesse sentido, seja por parte do aluno ou do professor, pode desencadear conflitos, cujas conseqüências são imprevisíveis para o sucesso da educação.

Condições de aprendizagem

Para compreender o desafio da inserção da informática na educação, um dos filamentos é a identificação de condições em que normalmente ocorrem as situações de aprendizagem. Para tentar um pouco de ordem no caos, recortemos a questão em três platôs: o contexto da sala de aula, o espaço intermediário da escola ou ainda a dimensão mais ampla do sistema educativo, em nível das relações sociais em que o sujeito se encontra inserido. De uma forma geral, tais condições em que acontece a aprendizagem se expressam através de regras, códigos, normas, parâmetros, princípios, valores, costumes, enunciados por várias fontes de influência e que devem ser acatados pelos envolvidos no processo educacional.

O fenômeno da aprendizagem é formado por um conjunto de condições existentes tanto na sala de aula, no plano cognitivo do aluno como nas situações propostas pelo professor. Por certo, não se trata apenas das condições de natureza material, e esse problema pode ser estendido para o nível de equilíbrio das forças psicológicas que nela atuam. No nível mais localizado da sala de aula, essas condições envolvem desde as relações entre professores e alunos, passando pela postura de cada um diante de suas respectivas funções, a forma de valorizar cada atividade proposta, a disponibilidade de participação, a freqüência, a motivação, a pontualidade, a iniciativa, entre várias outras exigências. Essas condições não estão livres de influências externas à sala de aula e suas ramificações se estendem para fora da escola, revelando uma extensa rede de influências.

Existência das condições de aprendizagem

Não existe um conjunto estruturado de condições preexistentes capaz de determinar, de uma forma absoluta e definitiva, os resultados das atividades de aprendizagem. Lançando mão de um conceito deleuziano, a educação é um grande agenciamento, um fluxo de interesses, condições e poderes que, num dado momento, convergem para a busca de um resultado. Professores, alunos, pais, diretores, todos participam desse agenciamento e o resultado depende de um conjunto não estruturado de condições.

Em outros termos, a existência de condições para ocorrer a aquisição do conhecimento não determina o resultado da aprendizagem. Elas existem enquanto força potencial, da mesma forma como o virtual, descrito por Lévy (1998), cujo desafio é exatamente sua atualização, ou seja, a passagem do nível da potencialidade para um acontecimento atual. Esta é uma consideração importante para uma utilização mais precisa de modelos, da forma como conceber e aplicar esse recurso na solução de problemas.

A natureza do saber envolvida traz implícita uma parte das condições de aprendizagem. Por exemplo, as características do saber matemático, tais como formalismo, abstração e rigor, nutrem algumas condições presentes na situação de aprendizagem. Tais condições são expressas por concepções de professores, formadores de professores, autores de livros e outros especialistas envolvidos no movimento do saber escolar. Uma outra parte das condições resulta das concepções pedagógicas do professor, de sua visão educacional, de seus valores, métodos e até mesmo de sua compreensão do conteúdo ensinado.

O interesse em estudar as condições das situações de aprendizagem não é algo novo na história da pedagogia. Quando Rousseau analisa o funcionamento da sociedade e suas implicações na educação, revela uma das raízes do objeto aqui tratado. Uma vida natural poderia levar o ser humano à felicidade plena, uma vez que ele estivesse livre das distorções impostas pela sociedade. Assim, a educação deveria se aproximar, tanto quanto fosse possível, de uma vida livre para que a criança pudesse desenvolver suas potencialidades. Um aspecto importante do pensamento educacional de Rousseau é o seu ideal democrático, analisando a trama existente entre a escola e a sociedade.

Fontes das condições de aprendizagem

A sala de aula e a escola não são instâncias isoladas do sistema educacional, pois envolvem diversos níveis de relação com projeção nos aspectos social, psíquico, político, econômico, entre vários outros. Entretanto, ao interpretar o fenômeno da aprendizagem, destacamos a sala de aula, a escola e a sociedade como fontes das quais podem emanar condições que interferem diretamente na educação escolar. Com isso não queremos estabelecer uma separação absoluta entre esses três níveis, como se não houvesse raízes entre eles. Trata-se apenas de uma estratégia para buscar elementos mais pontuais, tais como os referentes ao saber específico.

Em primeiro lugar, destaca-se o espaço da sala de aula, onde é possível perceber aspectos específicos de uma determinada disciplina e de suas implicações nas relações pedagógicas. Neste caso, há um contágio epistemológico entre o saber e as condições de aprendizagem. Um trabalho que desenvolve essas condições é proposto por Brousseau (1996), utilizando a idéia de contrato didático, por envolver a dimensão da especificidade das relações entre o professor, o aluno e o saber. A seguir, existem regras que extrapolam a sala de aula, mas ficam restritas ao plano escolar, envolvendo orientações decididas pelo coletivo local. Neste caso, a análise feita por Filloux (1996), relatando pesquisas que foram empreendidas na década de 70, mostra a existência de um contrato pedagógico e o discurso inconsciente que permeia o território da escola. Finalmente, essas condições estão vinculadas a um contrato mais amplo, envolvendo, além do sistema educacional, práticas e valores sociais com projeções na prática escolar. A análise de Rousseau traça esse paralelo entre as várias exigências impostas pela sociedade e a direção adotada nas práticas educativas institucionais.

O contrato didático

O contrato didático descrito por Brousseau (1986) interpreta regras implícitas ou explícitas que condicionam certas práticas pedagógicas usuais no ensino da matemática. A partir da referência, a noção encontra-se, atualmente, difundida por várias áreas do saber escolar e certamente já ultrapassou os limites iniciais da Educação Matemática. Trata-se de tentar conhecer, dentro de certos limites, regras, condições e costumes que se estabelecem no transcorrer de situações didáticas, nas quais sobressaem vínculos relativos ao professor, ao aluno e ao conteúdo. O interesse em estudar o contrato didático repousa na expectativa de que o professor possa compreender certos conflitos que surgem no fazer pedagógico.

A existência de um possível contrato didático na condução da prática educativa não é uma questão tão bem resolvida. É difícil compartilhar da visão de que a educação escolar seja, de fato, regida por contrato absoluto, cuja concepção deixa transparecer a existência da imposição de uma ordem definitiva na sociedade e na escola. Acreditar nessa possibilidade é desistir de aceitar o princípio de que todas as mudanças possíveis dependem também dos sujeitos envolvidos diretamente nas ações educativas. O devir existe de forma não definida. Essa seria uma posição inaceitável de desistência diante da tarefa de transformar o mundo em que vivemos, quer seja através de nossas opções teóricas ou de nossas práticas do cotidiano.

Filloux (1996), ao descrever a noção de contrato pedagógico, destaca a inconveniência de predominar indevidamente uma certa superioridade do professor em relação à posição do aluno. Esta é uma situação onde pode ocorrer a imposição de um poder, considerado superior, a uma posição de inferioridade, reproduzindo o jogo social das relações de poder no ambiente escolar. Da mesma forma como acontece no plano social, o acatamento dessa hierarquia de poder é considerado uma condição fundamental para o sucesso do sujeito. Em outros termos, no plano escolar, é preciso que os sujeitos envolvidos acatem certas regras do jogo, pois disso depende o resultado da formação escolar. O inconveniente nesta interpretação é o predomínio de uma ideologia e de uma relação de submissão plena.

As condições pedagógicas não resultam da determinação de uma fonte absoluta de comando, determinando níveis estruturados de poder. A partir da identificação do contexto, as condições pertinentes ao sistema formado pelo professor, aluno e conhecimento podem ser estudadas para um melhor domínio do ensino e da aprendizagem. As relações decorrentes do funcionamento deste processo, acrescidas do caráter específico do saber, tornam-se mais compreensíveis a partir do desvelamento de condições e de seus pontos de vulnerabilidade.

Objetividade do contrato didático

O termo *contrato* não é totalmente adequado para expressar toda a complexidade das relações inerentes ao sistema didático, sobretudo, no que diz respeito ao conflito entre a subjetividade do fenômeno cognitivo e a objetividade de um conjunto de normas. A noção de contrato didático quase nada tem em comum com o significado que esse termo assume no contexto das relações comerciais ou jurídicas. Neste caso, as regras que conduzem as relações entre as partes envolvidas estão explicitadas na existência de um documento específico, delimitando os direitos e os deveres de cada contratante. A legalidade desse documento está vinculada a uma legislação maior e confere uma certa objetividade na decisão dos conflitos, mesmo admitindo a existência de regras cujo significado legal possa escapar a uma leitura menos atenciosa. No contexto escolar, não há um texto contratual, conduzindo as relações envolvidas ao sistema didático.

Mesmo admitindo a existência de várias normas provenientes, por exemplo, da legislação educacional e até mesmo do contexto próprio da instituição escolar, cuja aplicação se destina a orientar a condução da prática educativa, muitas outras regras são de natureza fortemente implícita, cuja interpretação se esbarra na dimensão subjetiva dos envolvidos. O aspecto subjetivo do fenômeno educacional não pode ser desconsiderado na análise desses costumes e dessas regras. Além do mais, o contrato didático, por envolver regras de comportamento, de natureza psicológica, não é mensurável de forma puramente objetiva, tal como parece ser em outros contextos onde existem idéias correlatas ao contrato. Este parece ser um dos motivos da inadequação do termo para interpretar a complexidade inerente às relações didáticas.

Quando um contrato comercial é assinado, a princípio, as partes contratantes não têm a obrigação de aceitar suas cláusulas, revelando um outro ponto de divergência com o contrato didático, cuja aceitabilidade não é submetida diretamente à decisão do aluno ou professor. Tendo em vista o caráter implícito de muitas condições envolvidas nas relações didáticas, nem mesmo faz sentido pensar em termos de sua aceitabilidade. Apesar destas limitações quanto ao significado do termo, existem elementos compensadores que justificam sua ado-

Condições didáticas

ção no contexto pedagógico com algumas pontuações. Este é o caso da obra de Rousseau, *O Contrato Social*, cuja importância histórica permanece viva para a educação de nossos dias.

Quando as condições não são aproveitadas

O mais importante não é tentar explicitar uma lista das condições do contrato didático, o que seria contraditório com o próprio conceito, e sim conhecer seus possíveis pontos de ruptura. Para entender esses pontos de ruptura, devemos partir das dificuldades observadas no transcorrer da aprendizagem e dos conflitos identificados em sala de aula, para analisá-los em face das expectativas que, por ventura, estavam, até mesmo, implícitas na prática pedagógica. Por certo, as causas, momentos e condições dessa ruptura não são previsíveis antes da realização efetiva das atividades. O uso do computador em sala de aula pode contribuir para aumentar os pontos de ruptura do contrato didático? A superação dos conflitos advindos de uma ruptura do contrato didático, através do uso do computador, coloca a exigência de novas competências para os alunos e professores? Até que ponto se pode considerar uma ruptura do contrato didático o fato do aluno navegar pela Internet, por *sites* diferentes daqueles idealizados pelo professor?

Diante do uso crescente dos recursos da informática, admitimos que o contrato didático tende a passar por redefinições, principalmente, no que diz respeito à comunicação entre professor e alunos. Por exemplo, quando se trata da educação artística, a possibilidade do aluno utilizar uma infinidade de cores geradas por programas de computador redimensiona as condições de produção desse tipo de conhecimento, quando se compara com o pequeno número de cores disponibilizado pelos recursos anteriores. Esse tipo de transformação altera algumas condições do ensino escolar tradicional. Em outros termos, são transformações resultantes da transição de práticas tradicionais para uma ampliação do contrato didático.

Concepção didática

Para considerar as mudanças potenciais nas condições da prática educativa escolar através do uso da informática, não nos associamos à concepção de que a didática seja um código normativo, redutível a um conjunto absoluto de regras. Entendemos que essa concepção não é compatível com a diversidade de dimensões inerentes ao fenômeno atual da educação escolar. Quando queremos nos libertar das garras do pensamento estruturalista, o conhecimento didático é entendido como sendo um agenciamento de linhas de articulação defendido por um território de educadores, no qual convergem aspectos teóricos, práticos, entremeados por outras tonalidades. Por esse caminho, uma visão racional da didática é submetida ao mais incisivo crivo da prática cotidiana de uma sala de aula, da mesma forma como para toda experiência empírica se busca o suporte de uma referência teórica.

Ao aplicar esse princípio no território pedagógico, estamos confessando nossa posição de defesa do racionalismo aplicado, enunciado por Bachelard para interpretar a evolução das ciências. Assim, cumpre observar que existem, atualmente, no meio educacional, relatos de inúmeras experiências realizadas com o uso

Condições didáticas

do computador em sala de aula que ainda permanecem desprovidas de referências teóricas para lhes dar sustentação. Idealizar uma concepção didática, com uso do computador, distante da verificação experimental é um equívoco grave quanto cultivar uma prática desprovida de reflexão teórica.

Experiências didáticas com uso do computador em sala de aula já se encontram divulgadas através de relatos de professores em encontros voltados para essa temática. Entretanto, percebe-se que a grande maioria ainda se reveste de um aspecto puramente tecnicista, mostrando que existe um longo caminho teórico ainda a ser percorrido entre o acesso físico ao recurso tecnológico, a competência para a busca de informações na rede e a elaboração do saber. O interesse em estudar conceitos pedagógicos visa contribuir com a objetivação da didática e compatibilizá-la com os desafios da inserção da informática na educação. Alguns desses conceitos se encontram em fase de expansão e não devem ser entendidos como idéias consolidadas, tais como os conceitos estabilizados das ciências tradicionais.

53

COMPETÊNCIA E TECNOLOGIA

A temática das novas competências exigidas da educação escolar contemporânea é uma das que mais suscita polêmica na área pedagógica porque se trata de uma noção fortemente relativa. Ser competente nunca foi uma qualidade independente do referencial segundo o qual se analisa o fenômeno educacional. Apesar dessa dificuldade, espera-se que toda proposta educacional esteja em sintonia direta com os grandes desafios ditados pela sociedade na qual a escola encontra-se inserida, caso contrário, o resultado do esforço educativo pode incorrer em erros que favoreçam a exclusão social. Com essa finalidade, este capítulo foi reservado para descrever questões sobre competências que podem contribuir no processo educativo, diante de desafios postos pelo domínio das novas tecnologias digitais.

Criatividade e tecnologia

No que se refere à multiplicidade de questões didáticas evidenciadas pelo uso da informática na educação, destacamos a criatividade por ser uma noção mencionada freqüentemente no debate pedagógico. De fato, há muita polêmica e pouca concordância em torno dos sentidos que podem ser atribuídos a essa noção. Certos autores até mesmo se recusam a admitir a possibilidade de estudá-la, mas não resta dúvida de que a evolução da humanidade sempre foi acompanhada pela criação de conhecimentos. Mas, com o uso pedagógico do computador, devemos esboçar uma concepção de criatividade que seja, no mínimo, compatível com a potencialidade dos vários recursos que essa tecnologia oferece. Criar conhecimentos com o apoio de recursos digitais nos parece ser uma nova ordem de desafios para a educação contemporânea. Nesse sentido, procurarmos afastar o entendimento de que a criatividade seja simplesmente uma inspiração do espírito humano, recebida como um prêmio vindo dos céus, não basta repousar numa rede digital e esperar que uma força maior caia sobre o pensamento criativo. Decisivamente, não é esse o sentido da criatividade necessária para a educação, pelo contrário, o ato criativo resulta da produção de uma intensa experiência de trabalho e envolvimento em nível virtual de onde as idéias podem se atualizar.

A criatividade vista como o resultado de uma persistente experiência de trabalho é uma das habilidades fundamentais para o sucesso da aprendizagem necessária na escola atual. Essa é uma noção que tanto aproxima como distingue as diferentes disciplinas que constituem o saber escolar. Trata-se de uma noção necessária para entender os desafios postos pelo uso didático das tecnologias da informática, pois não há formação de saber sem valorizar a dimensão do ato criativo. Por outro lado, é inadequado falar dessa noção no sentido genérico sem considerar os desafios de cada saber. Por exemplo, a criatividade está presente tanto na educação artística como na educação matemática, como também nas demais disciplinas, entretanto, não se deve confundir o significado da função criativa em cada um desses saberes.

Uma referência para compreender o sentido da criatividade concebida como produção de um pensamento autônomo, sem recair nas malhas da repetição e da cópia, é dada pela obra de Deleuze e Guattari (1991). Quando esses autores falam de variáveis científicas, variabilidades filosóficas e de variedades artísticas, o interesse principal é compreender as diferentes formas de criação. Não se trata de querer compreender o produto da criação em si mesmo, mas os desafios que antecedem o fenômeno humano do pensamento criativo. Em outros termos, não importa se o resultado da criação seja um teorema, uma obra de arte ou um conceito filosófico; o objeto dessa referência está direcionado para fenômeno da expressão criativa do pensamento. Revelam a intenção de mergulhar nos limites humanos da produção. Essa investida no leito caótico da multiplicidade faz com que o projeto deleuziano seja um referencial compatível com o fenômeno da utilização dos novos recursos tecnológicos da informática na educação.

Desde a realização de simples tarefas do cotidiano até o domínio profissional de equipamentos tecnológicos, o mercado de trabalho apresenta um quadro diferenciado de exigências que a escola não deve desconsiderar. Se por um lado cresce a automação por meio de equipamentos especializados em executar tarefas repetitivas, com muito mais rapidez e precisão, por outro, a liberação do esforço físico tende a valorizar competências que atendam o aspecto qualitativo da criação. As transformações no contexto social não dizem respeito somente às tarefas realizadas no calor do cotidiano. Para comprovar isso basta observar exemplos mostrados pela mídia que a utilização da informática amplia as condições técnicas para a execução de atividades cada vez mais especializadas. Desenvolver uma performance que acompanhe essas transformações é um dos desafios da educação atual, e esse fato justifica que as atividades realizadas pelo professor e pelo aluno não estão isentas das alterações do trabalho no contexto mais amplo da sociedade.

Trabalhar com informações

As grandes questões educacionais da sociedade contemporânea não podem ser analisadas sem considerar também as competências necessárias para a efetiva construção da cidadania. Esse é um aspecto essencialmente pertinente ao tema tratado nesse livro: como compatibilizar o uso da informática com o desenvolvimento educacional de competências próprias aos desafios do mundo globalizado? Tudo indica que a multiplicidade inerente ao fenômeno educacional revela igualmente uma diversidade de competência, sobretudo, quando se pensa em favorecer as condições do educando em corresponder aos desafios do mercado de trabalho.

Entre essas diversas competências, uma das principais se refere ao tratamento de informações. Expressão esta que engloba iniciativa, autonomia, disponibilidade, engajamento para buscas, selecionar, organizar,

Competência e tecnologia

transformar, aplicar informações que circulam pelos vários registros digitais. Nesse sentido, um dos primeiros desafios surgidos com a utilização do computador na escola consiste em desenvolver competências e habilidades suficientes para a seleção de informações pelo próprio sujeito da aprendizagem. Não se trata de reduzir a importância da função docente na aprendizagem, pois o próprio professor está também inserido nesse desafio de buscar e selecionar informações necessárias para redimensionar sua prática didática.

Nessa forma de aprender, está implícito uma maior exigência de autonomia, iniciativa, interesse e disponibilidade para buscar informações e estratégias de resolução de problemas. Tudo indica a necessidade de uma valorização de um engajamento diferenciado por parte do sujeito, o que significa desenvolver uma competência específica para a busca de informações compatíveis com o problema estudado. Quanto a esse desafio, observa-se que o excesso de informações disponíveis na rede mundial de computadores parece ser tão problemático quanto a ausência absoluta de dados. É comum perceber essa dificuldade quando se realiza uma consulta na rede e surgem milhares de páginas referentes ao assunto pesquisado. Essas dificuldades apresentam um interesse direto para a didática compatível com a utilização do computador em sala de aula.

Como proceder a uma seleção das páginas que poderão contribuir para a solução do problema pesquisado? A estratégia de consultar algumas páginas aleatórias é suficiente para uma aprendizagem significativa? Quais são as estratégias adequadas para proceder à depuração de uma consulta na Internet? São indagações pertinentes ao atual panorama pedagógico.

Transformar informações em conhecimento

Outro desafio relativo ao uso dos novos recursos digitais consiste na competência de transformar informações em conhecimento vivenciado pelo sujeito. Essa transformação representa a essência da cognição e não se realiza de forma evidente ou espontânea. A elaboração do conhecimento revela uma dimensão fortemente comprometida com o trabalho e com a persistência do sujeito cognitivo. Reforçamos esse aspecto para evitar uma possível confusão de que seria possível aprender através do computador de uma maneira mais puramente prazerosa, como se o navegar nas ondas da rede representasse, por si mesmo, uma nova forma de aprender. Pelo contrário, a síntese de novos conhecimentos, a partir de informações obtidas na rede, requer a criação de estratégias desafiadoras compatíveis com a natureza dos instrumentos digitais e não pode ser confundida com a ampliação das condições de lazer que a tecnologia também proporciona ao usuário. Como resultado, essa exigência gera uma vasta temática de pesquisa. Na prática, seleção, interpretação, análise e comunicação de informações lançam linhas para uma síntese cognitiva, mas exigem um envolvimento diferenciado do sujeito num permanente retorno à elaboração do saber, articulando múltiplas informações com situações vivenciadas no cotidiano.

Superar o exercício da repetição

Não há estratégias lineares e seqüenciais para responder aos desafios do fenômeno cognitivo, e esta

Competência e tecnologia

ausência de estrutura absoluta torna-se mais explícita quando se considerar a utilização dos recursos digitais na aprendizagem. Mesmo assim é possível indicar conceitos que contemplam exatamente esse grau de complexidade. São idéias que buscam responder aos desafios que já estavam presentes nas práticas educativas tradicionais, sem o uso do computador. Uma delas é o princípio de que a aprendizagem não pode se reduzir ao exercício da memorização, da repetição ou da simples contemplação de saberes desprovidos de significado para o aluno. É oportuno destacar a pertinência desse princípio, pois o computador é uma máquina especializada em realizar operações repetitivas e armazenar grandes quantidades de dados através de dígitos.

Essa capacidade da máquina de repetir e de registrar dados está frontalmente oposta ao tipo de conhecimento necessário para explorar toda a potencialidade desse recurso tecnológico. Isto indica que não é possível nenhum tipo de competição entre o homem e a máquina, entre o tipo de conhecimento necessário nos dias atuais e o mecanismo digital da repetição. Dessa forma, as práticas pedagógicas voltadas para a repetição não são pertinentes à potencialidade da tecnologia digital. Mais do que isso, uma prática educativa voltada para repetição, quer seja com ou sem o uso do computador, sinaliza para um grande fracasso da educação.

É oportuno destacar a possibilidade de ocorrer esse equívoco em razão da facilidade de executar, através do computador, as conhecidas operações do copiar e colar, com as quais, através de poucos toques no teclado, um texto pode ser transferido da rede para o trabalho do aluno. Mesmo que essas funções sejam extremamente úteis para o funcionamento dos aplicativos, é preciso enfatizar que a aprendizagem escolar não pode ser confundida com esse tipo de operação. Quando surge esse problema em sala de aula, é a oportunidade de inserir uma discussão com os alunos, explorando o significado da pesquisa escolar, quer seja em livros, na rede ou em outras fontes multimídias, e a questão ética da propriedade intelectual.

Para fazer face ao risco da repetição, uma das competências a ser desenvolvida é a busca de maior autonomia na pesquisa de informações para a elaboração do conhecimento. A expansão das fontes de informações, por um lado, contribui para criar novas condições pedagógicas e amplia as condições de aprendizagem, e, por outro, nega a prática da repetição.

Para não incorrer na repetição inexpressiva, é preciso esforçar a necessidade do envolvimento direto do sujeito no seu próprio processo de aprendizagem, pois é necessário desenvolver competências compatíveis com a natureza desses novos instrumentos digitais. Entre as competências exigidas pela atual sociedade, estão: criatividade, iniciativa, autonomia, agilidade no tratamento com informações e resolução de problemas. Essas habilidades envolvem tanto a dimensão individual como coletiva, observando ainda que até mesmo os problemas não são mais do tipo que exige somente a realização de cálculos, a memorização ou a aplicação de fórmulas ou modelos. Assim, as mudanças na educação dependem de aspectos, cujos traços são abordados nesse capítulo.

Sistema didático

O objetivo deste capítulo é abordar o sistema didático através da diversidade de elementos que estão mais diretamente envolvidos com o fazer pedagógico em nível de sala de aula. Para compreender esse sistema não é possível desconsiderar a dimensão disciplinar, pois a utilização da informática na educação traz o desafio de garantir espaço para analisar a especificidade de cada disciplina e suas articulações com natureza desse novo recurso. Se por um lado existem aspectos comuns a todas as práticas pedagógicas, tal como está implícito na abordagem conceitual, cada disciplina apresenta suas particularidades que, por sua natureza, exigem soluções diferentes. Por exemplo, o ensino da matemática através do computador traz desafios que, certamente, são diferentes daqueles da educação artística.

O risco de generalizações precipitadas

Para contemplar a especificidade de cada disciplina, é conveniente cultivar uma vigilância a fim de não se precipitar em propostas que atropelem a natureza de cada área de conhecimento. Isso se torna mais evidente em se tratando da difusão inicial do uso da informática na educação, onde não se tem ainda referência tão consolidada, tal como nas ciências clássicas. Dizemos isso para evitar o equívoco de confundir a natureza própria dos saberes científicos, escolares e do cotidiano. Em outros termos, devemos estar vigilantes para não incorrer em generalizações precipitadas, sintetizadas no calor acelerado das observações imediatas. A desconsideração dos vínculos entre o geral e o específico leva a uma redução do significado da ação educacional. A análise das articulações entre esses dois pólos favorece a formação de conceitos e contribui para a consistência da teoria pedagógica, pois valoriza suas implicações no sistema didático.

Análise de software

Temos ainda a tarefa didática de realizar a análise de softwares educativos que surgem cada vez em maior número, comercializados por empresas ávidas em conquistarem um mercado em expansão. Os critérios que devem orientar a escolha desse material didático não estão ainda suficientemente explicitados e fundamentados em referências teóricas compatíveis com a natureza do suporte digital. Na realidade, esse tipo de análise não é, normalmente, realizado pelo professor nem mesmo para o livro didático, cujos critérios de exclusão estão ainda restritos ao Plano Nacional do Livro

Didático. Por certo, não se trata de analisar os softwares educativos com os mesmos critérios usados para a análise do livro didático. A linearidade do livro não se identifica às opções de escolha que oferece um programa hipertexto.

Na divulgação desses produtos, é possível ocorrer uma compreensão mistificada, induzida por uma intensa propaganda comercial, predominando a idéia de que os problemas educacionais estariam resolvidos com o uso desses recursos. Por esse motivo, é oportuno lembrar o exemplo do Movimento da Matemática Moderna, quando surgiram equívocos semelhantes aos que estamos acima supondo. Sob a influência de interesses financeiros e de uma intensa propaganda, divulgou-se a idéia da existência de uma "nova matemática", que seria diferente de tudo o que havia sido aprendido até então pela tendência tradicional; portanto, seria preciso trocar todos os manuais didáticos que prometiam uma aprendizagem mais fácil e divertida. O resultado dessa visão facilitadora foi um grande fracasso pedagógico, que se encontra registrado na história da matemática, em trabalhos tais como o livro de Kline (1978).

Objetivos, métodos e conteúdos

O trabalho com os dispositivos computacionais requer estratégias até então desconhecidas no espaço pedagógico. Dessa forma, objetivos, métodos e conteúdos devem ser repensados para contemplar, ao mesmo tempo, tanto a dimensão histórica das ciências como a natureza das habilidades necessárias para a época atual. Entretanto, esses elementos são particularmente ligados entre si pelo princípio da indissociabilidade. Não é possível definir objetivos sem redefinir métodos e conteúdos. A utilização de novos instrumentos possibilita uma oportunidade de ampliação do processo didático.

Método de ensino por projetos

Para enfatizar a prática condicionada pela inserção do computador na educação, destacamos um exemplo que diz respeito à redefinição do trabalho didático. Trata-se da metodologia de ensino por projetos através do uso do computador, indicada como uma referência para a condução do trabalho didático através da informática. Entretanto, essa metodologia não é uma novidade na história da educação, pois já se encontrava entre as propostas da Escola Nova. Assim, sua aplicação, na atualidade, levanta questões e inspira uma temática de pesquisa. Tendo em vista a complexidade da questão metodológica, é conveniente ressaltar que a opção por determinado método significa a escolha consciente de um caminho e de um conjunto de valores, os quais devem conduzir a busca do conhecimento. Na dimensão prática, o método indica também um conjunto de procedimentos pelos quais se espera chegar ao saber, mas não se pode fixar, previamente, todos os detalhes do caminho a ser percorrido.

As possíveis alterações didáticas decorrentes da inserção da informática na educação escolar nos levam a considerar a questão da metodologia de ensino por projetos. Essa consideração parte do princípio de que a dimensão metodológica é uma das componentes principais de toda proposta de organização do trabalho didático. Mas é preciso reconhecer que existem vários agenciamentos nesse sentido, muitos deles atuando em direções completamente opostas. Para qual dessas vertentes devemos direcionar nossa prática pedagógica?

Essa questão motiva um estudo sobre as origens pedagógicas desse método que, certamente, se reporta ao movimento da Escola Nova. Partimos do princípio de que é preciso ter algumas referências iniciais para indicar o que estamos entendendo por projeto, tecnologia e metodologia. Essa base inicial é complementada por uma constatação de que existem hoje várias propostas de utilização desse método de ensino na prática pedagógica escolar através do uso das redes digitais.

O ensino por projetos sintetiza uma das principais idéias da Escola Nova. Sua característica consiste em favorecer condições para o desenvolvimento da liberdade e da criatividade do aluno, pois a proposta era superar os desafios enfrentados pela educação do início do século XX, que consistia em incorporar uma série de transformações tecnológicas advindas como resultado dos séculos anteriores. É oportuno lembrar que o século XX trouxe também o cinema, do automóvel, do avião, do rádio e várias outras tecnologias, cujas inovações não mais podiam conviver com as práticas tradicionais. Através de atividades realizadas pelos alunos, espera-se uma melhor performance na criatividade e uma ação mais consciente sobre os conteúdos; por isso mesmo não é possível definir uma forma rígida de concepção e aplicação do método dos projetos. Um dos aspectos fundamentais desse método consiste em motivar os alunos a participarem na elaboração e execução de um projeto idealizado a partir de problemas existentes na realidade cotidiana vivenciada por eles.

Todos os alunos devem ser motivados a se envolverem na realização do projeto; entretanto, a possibilidade de sua execução prática deve ser previamente estudada pelo professor, tais como a obtenção de informações, a viabilidade técnica, financeira, entre outras dificuldades.

O método de ensino por projetos caracteriza-se pelo envolvimento do aluno na realização das atividades. Além disso, o problema motivador deve ser autêntico e significativo para ele e o professor deve estar atento para a existência de fontes acessíveis de informações. As soluções e proposições apresentadas devem ser produções efetivas dos alunos, que deverão também ter oportunidade de avaliar a solução. A realização de atividades através do método dos projetos deve ser acompanhada pelo professor, que deve orientar a utilização correta das informações disponíveis, evitando assim qualquer possibilidade de bloqueio das atividades. Com o uso da informática, a aprendizagem pode ser ampliada por essa técnica de ensino, mas é preciso refletir sobre a inconveniência do uso exclusivo de uma única técnica, pois sua diversidade enriquece a vivência do aluno e mostra a própria multiplicidade do conhecimento.

Formalização do conhecimento

Toda proposta de escolarização deve se fundamentar na explicitação de conteúdos previstos para as atividades pedagógicas. Uma das características da instituição escolar é essa formalidade mínima de registro, expressando informações, conteúdos, valores, objetivos, métodos, recursos didáticos, estratégias de avaliação, sob os quais se conduzirá a prática escolar. A título de exemplo, destacamos alguns registros: livros, softwares, teses, relatórios, diários de classe, planos de ensino, notas de aulas, apostilas, listas de exercício, provas, parâmetros, programas, materiais didáticos, entre vários outros. A existência desse tipo de registro é uma condição indispensável para garantir uma certa objetividade da atividade educativa escolar, revelando uma diferença fundamental entre educação formal, tal como aquela do contexto escolar, e a educação que flui naturalmente no ritmo do cotidiano.

Trata-se de defender a manutenção e a explicitação de registros formais, garantindo o aspecto da objetividade na atividade educativa. Não há redundância nessa explicitação, pois percebe-se a existência de atividades escolares que se confundem com o saber do cotidiano. Assim, a proposta escolar dever passar por um recorte do texto universal do saber, ou seja, não se trata de admitir um registro pessoal ou delimitado ao espaço de uma instituição particular. Sua realização ocorre sob o controle de condições do saber científico, visando a estruturação de uma forma através da qual espera-se bases mais estáveis para a aprendizagem. A desconsideração do aspecto formal do saber reduz a especificidade da educação escolar. Sua realização acontece em função de paradigmas consolidados por um conjunto de regras estabilizadas, e não seria prudente afrontar contra essa qualificação dos saberes científicos.

Alguns aspectos da formalização do saber podem ser aqui relembrados. Em primeiro lugar, trata-se de preservar sua dimensão disciplinar mesmo reconhecendo a função educativa da transdisciplinaridade, essa condição não deve reduzir a natureza do conhecimento escolar. Em outras palavras, a manutenção da disciplinaridade é uma condição necessária, e não podemos incorrer na ilusão de substituí-la por uma compreensão inadequada. Em seguida, deve-se valorizar a dimensão da objetividade, evitando que a subjetividade se sobreponha ao aspecto universal do saber. Em terceiro lugar, deve haver um agenciamento, segundo o qual espera-se que ocorra a aprendizagem. Finalmente, o conteúdo e a forma do saber devem ser comunicados por meio de uma publicação estável, ou seja, não se trata de uma redação momentânea que se iguale ao discurso veiculado no cotidiano.

Na análise da estrutura do texto do saber, destacam-se variáveis relacionadas ao tempo previsto para realizar as atividades pedagógicas e implicitamente o tempo supostamente suficiente para o aluno aprender. A rigor, não se pode planejar sem considerar variáveis relativas ao tempo. Diante de transformações condicionadas pela informática, mesmo não sendo provável ocorrer a substituição do livro didático por outros recursos, estes deverão ter seus conteúdos e métodos redimensionados, mais próximos das exigências da sociedade da informação. A criação de software educacional sinaliza para uma alternativa complementar para o uso dos livros didáticos. Entretanto, há de se constatar que algumas das opções hoje disponíveis no mercado se limitam a reproduzir sobre a tela do computador o mesmo formato do livro.

Esse tipo de material não explora toda a potencialidade dos novos recursos da informática, onde o hipertexto tende a apresentar transformações na forma de registro do texto clássico. Não se trata apenas de uma mudança formal, sua concepção amplia a concepção do conhecimento linear e seqüencial. Uma das características do hipertexto é o fato de conter todas as informações registradas por meio da digitalização. Textos, sons, imagens, movimentos são expressos por uma seqüência de dígitos, cuja principal vantagem é serem tratados pelos suportes da informática.

Leituras para a busca de referências

Para descrever a inserção da informática na educação, é conveniente se orientar por algumas referências teóricas para que as observações não se percam no reino delirante das opiniões. Nesse sentido, lançamos mão de conceitos obtidos de obras contemporâneas, cujos traços gerais são comentados nesse capítulo. A leitura dessas referências deve ser feita com a ressalva de que não se trata de idéias representantes de uma tendência absoluta em torno do tema abordado. A proposta feita tem a intenção de contribuir na busca de uma consistência para fundamentar um trabalho didático compatível com os desafios de formação do professor, diante do movimento de uso da informática na educação, procurando não reduzir a complexidade das questões inerentes à análise didática mais ampla, inserida no cenário maior da atualidade.

Como ainda não existem muitos textos específicos sobre as questões didáticas associadas ao movimento da inserção da informática na educação escolar, é preciso buscar leituras acessíveis, em nível introdutório à pesquisa educacional. Assim, somos levados a obras que, mesmo não sendo específicas da didática, oferecem base para os desafios educacionais da era pós-moderna. Isto nos leva a priorizar a escolha de textos não delimitados em uma visão redutora do fenômeno educacional. Seguindo essa linha de raciocínio, as noções aqui descritas foram motivadas pela leitura de: Deleuze e Guattari (1997), Bachelard (1996), Lévy (1993), Chevallard (1991), entre outros. Esses autores lançam conceitos através dos quais interpretamos o problema das relações entre os novos recursos digitais e as práticas educativas. Da produção desses autores, decorrem conceitos que possibilitam compreender o pensamento humano, superando os tradicionais limites impostos pela visão estruturalista, e, por conseguinte, lançam luzes sobre o fenômeno da aprendizagem na era da informática.

Pelas vias da multiplicidade

Uma das características do pensamento de Deleuze é tratar da categoria da multiplicidade, na qual se desenvolve o pensamento humano. Sua obra está preenchida de temas heterogêneos que esboçam o objeto de seus estudos: a complexidade do pensamento humano. Percorrendo diferentes épocas e uma variedade de filosofias, ciências e artes, em uma primeira leitura de sua obra, não é evidente perceber a coerência e a unicidade de sua produção. Assim, o estudo de sua obra coloca ao leitor o desafio de perceber laços entre a diversidade e a unicidade, o múltiplo e o singular, o heterogêneo e o homogêneo, a repetição e a diferença. Se por um lado há uma dualidade implícita, por outro, há também sua superação. É o desafio de entender as bases por que passa a dualidade com a qual se depara a consciência cognitiva, não para reforçá-las, mas para superá-las enquanto obstáculo que delimita o conhecimento.

Informática e cultura

O pensamento de Deleuze revela um aspecto importante para a análise do fenômeno da informatização da cultura, que consiste em reconhecimento da multiplicidade existente na elaboração de todo conceito. A partir desse pressuposto, podemos estudar suas projeções no contexto educacional, tendo em vista o fato deste ser também preenchido por domínios heterogêneos, tal como acontece com a diversidade de informações contida na rede mundial de computadores. Deleuze deixa transparecer uma permanente vigilância com a formação do pensamento. Ele não transita somente pelos caminhos da filosofia, mas tem um interesse pela forma como pensam cientistas, filósofos e os artistas. Por esse motivo, trata de uma referência próxima da pluralidade de saberes escolares. De forma análoga, a sociedade da informação tem uma configuração heterogênea, semelhante à interpretação deleuziana do pensamento.

Superação do estruturalismo

O rizoma é uma metáfora utilizada por Deleuze e Guattari (1997) para ilustrar a existência de uma estrutura dotada de inúmeras pontas, sempre dispostas a funcionarem como porta de entrada para informações, conhecimentos ou parcerias. Na realidade, através dessa metáfora, pode ser lançada uma luz na superação do pensamento estruturalista, que durante muito tempo influenciou as práticas educativas escolares. Trata-se de realçar a vitalidade de uma estrutura botânica para mostrar que a gênese do pensamento não é uma estrutura tão bem comportada, tal parece ser uma árvore, com sua estrutura distribuída em raízes, tronco, galhos, folhas e flores. Se durante muitos séculos pensou-se, por uma certa corrente da filosofia, que a origem do conhecimento deveria obedecer a uma estrutura rígida e linear, a visão rizomática vem lembrar que a passagem do caos a um estado de ordem é rebelde a qualquer tentativa de formatação. Cada ponta do rizoma se conecta com qualquer outra e não há uma centralização exclusiva em sua concepção.

A potência dessa metáfora nos interessa porque ela pode traduzir, com muita propriedade, a diferença entre uma estrutura idealizada como perfeitamente linear e a anti-ordem aparente de uma estrutura rizomática. Sua essência é uma multiplicidade tal como os conteúdos, formas, signos, cores, interesses que circulam pela Internet. A idéia de rizoma serve de contraposição à visão cartesiana da árvore do conhecimento, onde predomina uma visão de centralização de um saber que exerce domínio. Se a imagem da árvore serviu durante muito tempo para ilustrar a estrutura do conhecimento moderno, a metáfora do rizoma serve hoje para ilustrar a direção na qual se lança a elaboração do conhecimento pós-moderno.

Superação do dualismo

Uma das mensagens principais lançadas por Deleuze e Guattari (1997) é uma crítica poderosa quanto ao risco do predomínio da visão dualista, que não é compatível com a complexidade do pensamento humano. Depois das influências de Aristóteles e de Descartes, acostumamos a destacar sempre dois e somente dois lados de uma questão. É o predomínio do corpo ou da alma, do certo ou do errado, tidos como únicas alternativas, pois não há possibilidade de uma terceira posição. As conseqüências educacionais da imposição dessa lógica definem uma atitude incompatível com os desafios da pós-modernidade. A superação dessa visão dualista deve ser empreendida como um princípio a ser aplicado também no estudo da inserção da informática na prática educativa, onde se corre o risco de induzir uma ênfase excessiva num único aspecto do conhecimento em detrimento de outros. Por exemplo, podemos destacar o risco de que o tempo cronológico das máquinas digitais seja confundido com o tempo natural da vida, relações humanas e da maturação, necessário para o conhecimento individual. Quer seja ao analisar as relações entre o espaço liso e o espaço estriado, ou entre o nômade e o sedentário, a intenção é abalar o mito que insiste no império absoluto de uma única lógica reguladora para a construção do conhecimento. Entre os pólos do certo e do errado, lança-se a construção de um terceiro espaço. A aplicação desse princípio coloca em evidência a complexidade que geralmente não é perceptível nos primeiros contatos com o fenômeno.

O referencial deleuziano enfatiza que sinalizar apenas diferenças opostas de um fenômeno é inadequado para expressar a multiplicidade contida na abordagem do pensamento. Tais observações nos parecem de interesse direto para a estruturação de uma postura pedagógica compatível com o desafio de uso dos computadores na educação escolar. Cumpre relevar que ao iniciar o processo de aprendizagem, quase sempre, pelo destaque das partes consideradas simples, não deve se fechar para o cultivo do espírito de abertura para a apreensão do complexo. É nesta perspectiva que se destaca ainda os movimentos de aproximação entre pólos preconcebidos como antagônicos. Esse é um tema pertinente à construção da cidadania, um tema transversal da nova proposta curricular. Trata-se dos aspectos que, considerados diferentes, mas que pouco a pouco devem ser aproximados no movimento da aprendizagem, se misturam formando a esteira da diversidade. Na linguagem simbólica de Deleuze, podemos dizer que o estriado é sempre analisado em função do liso e vice-versa. Mesmo que uma análise das diferenças possa ser cultivada na educação, ela não significa a inexistência do múltiplo. O fato de esquecê-lo restringe a perspectiva metodológica e nega o educacional.

O mesmo tema colocado por Deleuze e Guattari quanto ao risco da predominância de uma visão radical sobre a gênese do conhecimento é também descrito por Bachelard (1987), quando desenvolve uma análise da questão da variabilidade do entendimento lógico. Este filósofo das ciências faz uma crítica quanto ao predomínio absoluto da chamada lógica aristotélica e de suas manifestações na constituição do pensamento científico. O hábito de pensar estritamente em função da lógica do terceiro excluído está de tal forma enraizado em nosso espírito que sentimos dificuldade em flexibilizar nossas concepções. Tudo indica que a manifestação exclusiva desta rigidez na prática pedagógica é desastrosa para uma época marcada pela diversidade no contexto mais amplo da sociedade. Essa tradição faz com que a postura pedagógica predominante não considere, na maioria das vezes, os vários caminhos para o enriquecimento da aprendizagem. O certo ou o errado, o liso ou o estriado, o nômade ou o sedentário são geralmente focalizados de uma maneira excludente.

Se por um lado sabe-se, pela história, que é a partir de um labirinto de dúvidas, de erros e de incertezas que ocorre a elaboração da ciência, não faz sentido desconsiderar esta evolução no tratamento das situações didáticas. Surge aí a questão pedagógica do erro e de suas possibilidades de incorporação na própria aprendizagem. A partir desta estratégia, surgem as condições para que os erros sejam pedagogicamente desmontados e transformados como elementos positivos para a síntese de um novo conhecimento. Esta química pedagógica de conceitos e de idéias, cujos métodos tradicionais de ensino, normalmente, não conseguem manusear com segurança, revela-nos uma face do desafio da atual distância que há entre a visão dos extremos e uma proposta mais significativa de sua superação.

Metáfora da tecelagem

Deleuze (1997), em *Crítica e Clínica*, faz uma concessão ao uso de metáforas para refletirmos sobre o problema da repetição e da diferença, ilustrando com mais evidência a manipulação dos estágios intermediários entre duas posições. A metáfora sugerida é a tecelagem, tal como Platão já havia sugerido na interpretação da arte de governar. Mas, no contexto desse livro, podemos nos indagar: que relação existe entre o uso didático das tecnologias da informação e a aparente ordem dos fios de um tecido? Em primeiro lugar, lembremos que se trata apenas de uma metáfora, mas que ela se torna certamente necessária diante da impossibilidade de ordenar palavras e sentidos precisos para expressar toda a complexidade do fenômeno.

No sentido artesanal, a tecelagem é a arte de organizar e até mesmo tramar a disposição dos fios para que os laços sejam sempre repetidos regularmente, deixando transparecer a mais absoluta harmonia no contexto de todo conjunto. Por mais que essa ordem seja aparentemente perfeita, um olhar mais atento nos permite perceber que as pontas dos fios estão todas escondidas nas extremidades e que são amarradas para manter a ordem aparente do tecido. A primeira impressão, ao observar a superfície de um tecido, é que se trata de um espaço estriado, formado somente por fios cruzados entre si, onde a posição de um depende da posição do outro. Durante a tecelagem, uns fios permanecem fixos, enquanto outros são movimentados para viabilizar a trama da malha. As definições que damos ao avesso e ao direito completam as diferenças impostas ao lado externo e interno do tecido.

A regularidade do tecido é comparada por Deleuze com outra espécie de regularidade que constitui o feltro. Este é formado de maneira diferente do tecido. É obtido através de uma prensagem a partir de um emaranhado de fibras, cujo conjunto não tem direito nem avesso. Não apresenta uma superfície tão bem comportada e linear como as estrias dos tecidos. Seus filamentos se auto-organizam numa aparente caos, onde não há o aspecto homogêneo e ordenado como nos fios da tecelagem. Não tem direito, nem avesso, nem centro,

Leituras para a busca de referências

apenas uma estrutura que assemelha-se aos rizomas, tais como as múltiplas redes digitais de informação expressas por configurações hipertextuais. O feltro não prioriza um lado em relação a outro, não há discriminação. Apesar do feltro não ser formado com os mesmos princípios da regularidade dos tecidos, é um espaço liso. A princípio, ele pode ser estendido em todas as direções, pois não tem largura imposta nem uma única direção tal como uma faixa de tecido.

Na prática, o tecido e o feltro misturam-se, formando acolchoados para o conforto de nossas casas; é a reunião do liso com o estriado, formando um terceiro espaço que não é nem liso nem estriado. Em suma, há um modelo tecnológico da tecelagem que ordena os fios na constituição de um espaço estriado. Há uma técnica de prensagem que permite a formação do feltro, caótico, não homogêneo, formando um espaço liso, a partir de um emaranhado de fios. Da mesma forma como o tecido e o feltro se misturam para formar o acolchoado, o modelo tecnológico é composto pelo espaço liso e pelo espaço estriado, um texto e um hipertexto, o linear e o não linear, o binário e o múltiplo. Um não nega o outro, complementa.

De forma análoga, no plano metodológico do saber, associa-se uma comparação metafórica do tecido com o feltro, com a relação existente entre a gênese do pensamento e linearidade de apresentação do saber. Um exemplo dessa apresentação linear é o caso da geometria, onde a ordenação seqüencial das demonstrações normalmente não deixa transparecer os ensaios experimentais, os erros e as conjecturas que permanecem costurados no arremate final do texto apresentado. O aparente movimento de potência e serenidade no encadeamento de axiomas, proposições e demonstrações, na realidade, escondem um verdadeiro turbilhão de raciocínio que possibilitou a formalização textual, na qual o saber é apresentado.

Em suma, há dois espaços complementares na aprendizagem: um é formado pelos desvios múltiplos, pelos emaranhados rizomáticos, não é homogêneo, nem regular e muito menos contínuo; o outro, no qual os saberes são normalmente apresentados nos livros, mostra-se retilíneo, organizado, sereno, linear, navegável, seqüencial e cadenciado e aparentemente ordenado. É ilusão pensar que somente um deles possa representar a totalidade do saber. O emaranhado do rizoma não exclui a ordem estriada dos fios, da mesma forma que a linearidade das definições não exclui a complexidade caótica do feltro. Procurando libertar-se de qualquer tipo de imposição vinda dos aparatos de controle, o agenciamento deleuziano inspira uma mestiçagem do espaço estriado das práticas pedagógicas tradicionais por um espaço liso e preenchido por uma diversidade rizomática. Através dessa escolha, valoriza-se o pensamento navegante, tal como aquele que circula no espaço virtual das redes digitais.

Hierarquia, conexões e rizomas

No cotidiano da educação escolar, é comum observar a estruturação do ensino a partir de uma seqüência única, rígida e linear na apresentação das idéias aos alunos. Mas, do ponto de vista didático, acreditamos que seja conveniente distinguir dois tipos de hierarquização: uma que diz respeito à apresentação formal e seqüencial dos conteúdos, tal como encontram-se descritos nas páginas dos livros didáticos ou na estrutura dos planos de aula tradicionais; a outra refere-se à efetiva elaboração dos conceitos, no plano cognitivo do aluno. Partimos do pressuposto que não há possibilidades de identificar essas duas dimensões. A seqüência hierárquica de apresentação é apenas um elemento colocado supostamente para facilitar a formulação das idéias, mas essas não seguem necessariamente a linearidade e a ordem do texto do saber. Por esse motivo, é praticamente impossível estabelecer uma hierarquia absoluta na elaboração de conceitos. Quando trata-se da construção do saber científico, essa impossibilidade talvez seja bem mais evidente.

A aparente serenidade com que as teorias são apresentadas nos livros está longe de representar a realidade dos conflitos e ziguezagues em que foram descobertas. A questão que estamos colocando, no plano didático, é se existe a possibilidade de uma hierarquia oficial para a aprendizagem dos conceitos no sentido amplo do termo. A idéia de hierarquia nos remete à idéia de linearidade absoluta e à supremacia de um aspecto sobre o outro. Parece ser verdade que, por vezes, mesmo sendo apenas uma hierarquia restrita, alguns conceitos se impõem diante de outros. O interesse em discutir a questão decorre do fato que a utilização da rede não acompanha uma estrutura hierarquizada, não é coordenada por nenhum princípio rígido e seqüencial que deve ser obedecido pelo usuário. De fato, na organização da rede não há uma ordem estabelecida a ser seguida pelo usuário, quando este navega de um site para outro, mesmo que a rede seja em si mesma estruturada a partir de algoritmos e princípios lógicos.

Em outros termos, como a configuração do espaço virtual é diferenciada em relação à rigidez dos caminhos usuais da organização da aprendizagem escolar, deverá possibilitar nova dinâmica de elaboração do saber. Se em algumas situações certos conceitos são priorizados em relação a outros, isso ocorre apenas no espaço de momento delimitado. No plano pedagógico, uma hierarquia absoluta não pode ser imposta porque todo conceito constitui-se em uma singularidade, com uma personalidade própria, não limitada a um modelo formatado. A compreensão de um conceito sempre remete à compreensão de outros conceitos. Parece evidente, portanto, que, no transcorrer do processo de aprendizagem, o sujeito parta de um determinado nível de compreensão preliminar para esclarecer outras idéias, noções e conceitos. Mas, esta estratégia, mesmo necessária, não significa que os conceitos preliminares estejam absolutamente "acabados", plenamente aprendidos pelo sujeito cognitivo. Por esta razão, diz-se que os conceitos sempre estão num estado de devir, ou seja, sempre estão sendo polidos, refinados. Daí a necessidade de um estado permanente de aprendizagem. Esta forma de entender a construção conceitual é mais um indicativo da inconveniência de tentar estabelecer uma única estrutura seqüencial para a aprendizagem.

Cada conceito é constituído por uma malha de conexões com outros conceitos precedentes. O enfoque aqui não seria mais a questão da sucessão de conceitos, mas, sim, a questão da aderência dos conceitos constituintes ao conceito maior. O ato da criatividade se manifesta mais intensamente na habilidade necessária para proceder esta aderência. Por exemplo, o conceito geométrico de cubo é o resultado da conexão de vários outros conceitos precedentes: quadrado, ângulo espacial, perpendicularidade e outros. Neste caso, o diedro determinado pelos semiplanos, suportes de dois quadrados adjacentes, associa-se a uma situação de perpendicularidade. Há uma conexão entre todos esses conceitos, e é a forma como esta conexão se estabelece que caracteriza o conceito maior do cubo. Ao criar um novo conceito, o interesse maior está, portanto, na coerência e na consistência da arquitetura elaborada por essa síntese. São esses atributos da criação que dão sentido ao objeto criado.

A imagem da árvore prende-se a um modelo rígido e hierarquizado, deixando transparecer a mais absoluta ordem entre os seus diversos níveis. Mas esta aparente ordem não corresponde ao atual modelo epistemológico representado pelo ciberespaço. Essa relação de dependência, contida na imagem da árvore, foi profundamente alterada pelas novas vertentes dos saberes contemporâneos. O conceito de rizoma é proposto não para negar, mas apenas para redimensionar a imagem da árvore, permitindo uma reordenação no imaginário cognitivo. Para inspirar uma nova ordem na organização dos saberes, o modelo do rizoma realça que não é conveniente imaginar um núcleo dominante dos saberes. As pontas do rizoma podem ser conectadas a outras fontes de informações, dando a idéia de abertura a outras filiações e por isso mesmo melhor adaptado à postura interdisciplinar.

É também um conceito pertinente à visão transdisciplinar; propõe a ousadia de transgredir as tradicionais formas de classificação do conhecimento e interligar pólos tidos como antagônicos. Mesmo que não seja possível estabelecer fronteiras nítidas entre a dimensão individual e coletiva, a noção de rizoma permite acentuar a conexão entre esses dois patamares de conhecimento. O conceito funciona como interface entre o conhecimento individual e os saberes acumulados pela humanidade. Numa estrutura rizomática não há o predomínio de uma estrada real por onde todos devem passar. Nela pode-se penetrar através de qualquer um de seus filamentos, pois todos estes se comunicam entre si. Não há sentido em tentar estabelecer um centro coordenador no rizoma; todas as suas pontas são centros que se comunicam, resumindo múltiplas dimensões como ilustra a arquitetura da Internet.

Da mesma forma, o conhecimento escolar deve partir daquilo que o aluno trás de sua experiência cotidiana; não devemos estabelecer uma única via de acesso aos saberes oficiais, e esta é talvez uma das principais razões de exclusão e da reprovação na escola. É esse aparente caos que acentua a diferença entre a linearidade do modelo clássico e o modelo rizomático. O saber não desenvolve segundo uma lógica arborescente, mas segundo uma rede de conexões bem mais complexa. Os rizomas procuram ligações num mesmo plano de significado, evitando os desafios da consistência externa. Quando se processa ramificações externas, buscando realidades ulteriores, a complexidade da elaboração do saber é maior. Os princípios adotados na criação do conceito de rizoma negam a tentativa de fazer valer o império de uma pretensa certeza absoluta. Por conseguinte, através deste referencial, é possível identificar outras noções associáveis ao fenômeno da informatização, relacionando-as às novas formas de concepção da aprendizagem no contexto escolar.

Desterritorialização

Da mesma forma como o rizoma serve de metáfora para ilustrar a multiplicidade contida na rede mundial

Leituras para a busca de referências

de computadores e na complexidade inerente à formação de conceitos, outras noções descritas por Deleuze e Guattari (1997) preservam essa mesma característica. Esse é o caso do conceito de desterritorialização, com o qual é possível também interpretar situações bem características da atual sociedade da informação. A influência da cultura da era digital leva à superação dos tradicionais territórios fixos, berço do sedentarismo cognitivo, fazendo com que a idéia de terra natal seja submetida a uma profunda redefinição em função da facilidade de circulação no espaço virtual. A tradicional noção de fronteiras do conhecimento toma uma nova forma, fazendo com que as especialidades também revejam seus próprios contornos. Se no passado um certo território do saber era concebido como um espaço confortável para todos os seus membros, hoje, constantes modificações e ampliações exigem uma permanente vigilância no sentido de buscar laços com outras áreas de conhecimento.

Quando se defende a conveniência de proceder a permanentes retornos à essência original do fenômeno considerado, significa a necessidade de retornar à grande terra nômade, berço original do conhecimento, onde circulava por diferentes paragens de conhecimento. Acabou o período em que se valorizava o isolamento de uma área disciplinar e qualquer tentativa nessa direção significa uma convergência para sua inanição. O retorno à grande terra nômade significa a disponibilidade de espírito que cada um deve ter para deixar, mesmo que temporariamente, seus territórios tradicionais e mergulhar no campo dos acontecimentos originais, visitar e conviver com outras paragens. Não é possível que o geógrafo conceba uma ciência isolada, sem nenhuma

85

reflexão crítica sobre o espaço geográfico, da mesma forma que o matemático é convidado a refletir sobre as implicações educacionais de sua ciência. Deixar o espaço confortável das velhas certezas e colocar em suspeição todas as teorias com a mesma liberdade com que se pode a elas retornar, quantas vezes forem necessárias, para lançar novas linhas de articulação. Nesse sentido, os movimentos de desterritorialização e territorialização se complementam num ritmo de permanente elaboração e reelaboração de saberes. Por certo, o isolamento num espaço seria uma das principais fontes de erro e de ilusão.

Racionalismo aplicado

Ainda quanto às referências teóricas apropriadas ao estudo das implicações educacionais do uso do computador na escola, fazemos uso de noções procedentes do pensamento de Bachelard (1978), cuja influência em nossas interpretações é facilmente perceptível. Em particular, destacamos a aplicação do conceito de racionalismo aplicado, que consiste na valorização de uma permanente integração entre a dimensão racional e sua projeção no plano experimental. De acordo com esse princípio, toda análise teórica deve ser submetida a uma permanente verificação experimental, da mesma forma que toda experiência deve ser submetida à validação de uma referência racional. Em outras palavras, razão e experiência formam pólos complementares do saber científico; não subsistem por si mesmo, isoladamente, tal como pretendem os empiristas ou os racionalistas radicais. Este pressuposto pode ser colocado em relação às múltiplas teorias e práticas que acontecem no momento, visando aproximar a educação escolar das possibilidades fornecidas pela informática. Certamente, não podemos esperar a existência de teorias educacionais que possam ter uma precedência absoluta em relação às práticas educativas nesse aspecto envolvendo o uso da informática. De forma análoga, não devemos alimentar ilusões quanto à realização de experiências cegas e desprovidas de qualquer referência teórica. Qualquer desses pólos se torna estéril quando tratado de forma isolada do outro.

Obstáculos epistemológicos e didáticos

Os conceitos de ruptura e de obstáculos epistemológicos, também provenientes da obra de Bachelard, são elaborados no sentido de enfatizar os necessários saltos de descontinuidade entre os primeiros conhecimentos, ainda vistos como naturais, que permanecem no reino fluído das opiniões, para o plano do saber científico. A elaboração do conhecimento passa necessariamente por um permanente processo de retificações sucessivas. Os obstáculos epistemológicos, tal como foram propostos por Bachelard, devem ser analisados no contexto da aprendizagem das ciências físicas e biológicas, e sua transposição para outras áreas disciplinares deve ser realizada com razoável cautela, visto que é preciso observar fontes históricas que indiquem a existência de conhecimentos, cristalizados pelo tempo, que impedem a expansão dos conceitos científicos.

A aplicação dessa noção na área da educação não ocorre com tanta facilidade como pode parecer em uma primeira análise, pois, dependendo da disciplina considerada, o registro de sua evolução histórica pode não revelar os desafios inerentes ao processo de sua eclosão epistemológica. Uma das alternativas para superar essa dificuldade é admitir a existência dos obstáculos didáticos, que ocorrem em nível da aprendizagem escolar, sendo esta noção motivada pela comparação entre a evolução dos conceitos, no plano histórico, e o fenômeno cognitivo, no plano da elaboração individual do conhecimento. Um exemplo de obstáculo didático relativo à linguagem é o caso que pode ser constatado na prática escolar do aluno que ainda não dominou o significado de expressões ou termos próprios de uma certa disciplina. Em matemática, retas concorrentes pode ser interpretado pelo aluno como sendo retas que estão uma ao lado da outra, tal como a posição de dois corredores que concorrem entre si. Nesse caso, o significado geométrico da expressão é exatamente oposto a esse possível entendimento do aluno, onde o conhecimento cotidiano funciona como um obstáculo didático para a compreensão do conceito correspondente.

Ao escolher esses autores como referencial do problema das conexões entre informática e educação, temos a chance de destacar uma aproximação entre Bachelard e Deleuze. Se a influência do pensamento de Bachelard se faz presente na obra de Deleuze, é, sobretudo, no que diz respeito às características do pensamento pós-moderno. Em particular, citamos o caso da noção de vigilância intelectual, defendida por Bachelard (1977), que surge também na trajetória empreendida por Deleuze, pois esse autor deixa transparecer uma permanente atenção com a diversidade de estratos do pensamento, lembrando o risco de vinculá-lo a uma lógica estritamente linear, o que nega a complexidade do pensamento humano.

Quando aproximamos Deleuze e Bachelard, o relevante é destacar a persistente busca de uma superação da lógica binária, que historicamente insiste em enfatizar somente os pólos extremos do certo ou do errado. Esses autores mostram a necessidade de ampliar o espaço dual em que a elaboração do conhecimento é, quase sempre, enquadrada. O que Bachelard destaca em relação à construção dos conceitos científicos, no plano da evolução histórica das ciências, Deleuze o faz no plano estrito do pensamento. A pertinência dessa referência para o estudo da função educativa das novas tecnologias reside neste aspecto que busca aproximar a complexidade do pensamento humano com as dinâmicas implementadas pelo uso dos novos recursos da informática. Trata-se de uma referência apropriada ao desafio de compreender as atuais transformações resultantes do uso da informática nos diversos setores da sociedade. Esse referencial oferece uma orientação para o desafio de compreender o fenômeno cognitivo vinculado ao uso da tecnologia digital.

Em poucas palavras, as obras de Deleuze e Guattari sugerem um mergulho compromissado no complexo espaço do conhecimento. São referências voltadas para a compreensão do exercício múltiplo do pensamento humano, não aceitando nenhuma palavra de ordem que pretendam chamar para si a exclusividade sobre verdade científica. As noções escolhidas, a partir da leitura desses autores, estão centradas na questão do exercício do pensamento e voltadas para elaboração da objetividade do saber, independente que sejam produtos filosóficos, artísticos ou científicos. Não temos a pretensão de induzir generalidades que atentem à especificidade disciplinar, pelo contrário, dispomos a investigar conceitos lançados por esses pensadores, que possam contribuir com a redefinição da noção de aprendizagem na era tecnológica.

TECNOLOGIA E CONHECIMENTO

Este capítulo descreve algumas tecnologias cuja utilização está mais diretamente associada à expansão das condições de elaboração do conhecimento. O interesse em destacar tais recursos se baseia no pressuposto de que a compreensão de suas características permite melhor compreender os atuais desafios de uso da informática na educação. O objetivo não é fazer uma abordagem histórica, mas destacar aspectos relevantes para compreender o fenômeno educacional associado à criação tecnológica. Para isso, é preciso evidenciar aspectos das intrincadas relações entre ciência e tecnologia, salientando tratar-se de saberes condicionados pelo contexto social, cuja realidade condiciona a transposição de benefícios para a educação.

Difusão social da tecnologia

A difusão social de uso de uma tecnologia depende de parâmetros econômicos, e uma de suas dificuldades são as relações mútuas entre ciência e tecnologia, quase sempre regidas por interesses financeiros. Esse é o preço pago à expansão da tecnologia, pelo menos, na fase da sua difusão. Apesar desse problema, no transcorrer de um período, a tecnologia produz alterações significativas para diversos setores da sociedade, influenciando novas formas de expressão cultural, alterando as opções do mercado de trabalho, e modificando padrões de consumo. Enquanto o acesso a uma tecnologia não é estendido a uma parte mais expressiva da sociedade, permanece o estigma de ser um benefício das classes privilegiadas. Nesses termos, sempre haverá uma parcela de excluídos, como é o caso da escrita, uma das mais antigas técnicas. Por outro lado, julgar que todas as tecnologias servem para a manutenção do poder econômico é desconsiderar suas potencialidades educacionais.

Aspecto evolutivo da técnica

No sentido amplo do termo, uma técnica pode ser entendida como sendo um dispositivo ou um procedimento desenvolvido para a execução de uma arte, de um ofício, de um lazer ou para proporcionar melhor conforto às pessoas e ampliar o seu domínio sobre a natureza. A criação de uma nova técnica resulta normalmente de uma síntese evolutiva de informações e conhecimentos acumulados no transcorrer de um certo período. Além desse processo cumulativo, destaca-se a necessidade de realizar retificações pela tradição cultural.

Desde o domínio das técnicas mais rudimentares, é possível falar no caráter evolutivo quando se leva em conta um processo histórico, onde os saberes associados vão sendo pouco a pouco acumulados, transformados e adaptados. Assim, a criação de quase toda técnica resulta de uma verdadeira elaboração interligada por permanentes ações e reflexões, envolvendo outros conhecimentos e técnicas precedentes. O encadeamento sucessivo encontrado na inovação tecnológica revela um elo fundamental entre a elaboração de conhecimentos e da produção de novas tecnologias. O destaque desse aspecto evolutivo é importante para a compreensão dos sinuosos caminhos da incorporação das novas tecnologias nas práticas educativas.

Um outro conceito necessário para o entendimento do novo quadro pedagógico diz respeito à especificidade das tecnologias da comunicação, entendidas como uma classe específica de invenções que podem particularmente contribuir de forma diferenciada para a educação. A evolução dessas tecnologias vai desde a criação dos antigos sistemas postais até a invenção do telégrafo, do telefone, do rádio, da televisão, do computador, da telefonia celular, das redes de computador e de várias outras interfaces criadas para a melhoria do processo de comunicação. De uma forma geral, o uso das tecnologias da comunicação pode contribuir para a expansão da educação, sobretudo, sob a modalidade de educação à distância. Cada tecnologia tem sua própria evolução, envolvendo desde os aspectos técnicos até os desafios de sua difusão social.

No período do Renascimento, ocorreu o aperfeiçoamento da imprensa por Gutenberg, o que representou um expressivo fato tecnológico para a produção e difusão da cultura, ampliando as condições de transposição do saber e de aprendizagem. Quanto ao aspecto educacional, é relevante destacar que a imprensa representou um fato marcante nas condições de acesso à leitura e no estabelecimento de novas condições de aprendizagem. Longe de significar ainda um avanço democrático de acesso ao mundo das informações contidas nos registros textuais, o livro passou a representar uma situação essencialmente diferente dos manuscritos existentes na Idade Média. Esses manuscritos permaneceram muito tempo acorrentados às bibliotecas dos mosteiros e de outras instituições que detinham o domínio do saber. Guardadas as devidas proporções, a imprensa representou para o Renascimento o que as redes representam hoje para a ampliação das condições de acesso à educação.

No caso da tecnologia do rádio, que foi inventado no início do século XX, foram necessários cerca de 20 anos para surgir os primeiros modelos domésticos. Mas foi somente a partir dos anos 50 que o seu preço abaixou de forma significativa, em decorrência da invenção dos modelos transistorizados, tornando possível sua utilização pelas classes mais populares. Além de sua utilização como um instrumento da mídia, o rádio tem uma rica história educativa devido a sua expressiva abrangência geográfica e em função do grande número de ouvintes.

A popularização de uso do rádio deve ser lembrada como argumento para combater a crítica superficial de que o computador é uma tecnologia restrita e que não faria sentido considerá-lo como instrumento de uso pedagógico. Mas, por certo, sua trajetória de popularização deverá ser superior ao caso de outras tecnologias, como o rádio e a televisão. Na passagem do telefone para o rádio, percebe-se que uma das características da radiodifusão é estabelecer um sistema de comunicação extensível a um grande público. Não se trata mais da comunicação entre duas pessoas, como no caso do telefone. Se, por um lado, a criação do rádio amplia essa abrangência do número de receptores da mensagem veiculada, por outro, diminui o aspecto interativo, uma vez que a comunicação é normalmente estabelecida em uma única direção. Outro fato que diferencia a comunicação radiofônica da telefônica é a maior facilidade de circulação das ondas hertzianas, sem a necessidade de ter o suporte para transmissão através de um fio, contribuindo para a superação do espaço físico.

A história de cada tecnologia revela uma seqüência de conexões, onde cada melhoria associa-se ao sintetizado pelas criações anteriores. Os diferentes estágios do desenvolvimento técnico mostram a existência de permanentes retificações, cuja evolução passa por um processo de reinvestimento de informações. Há uma estreita analogia entre o aprimoramento de uma tecnologia e a dinâmica da formação do próprio conhecimento. Da mesma forma como ocorre com a formação de um conceito, o produto tecnológico representa uma complexa síntese nem sempre perceptível em sua exterioridade. A criação da técnica constitui-se em um modelo associado ao fenômeno de elaboração do conhecimento, onde uma invenção é modificada e conectada a outras criações, gerando um novo produto. Para melhor relevar esse paralelismo entre a formação do conhecimento e a criação tecnológica, reservamos o espaço de algumas páginas para descrever informações quanto à evolução de algumas tecnologias, destacando aspectos de interesse para a compreensão do processo educacional através da informática.

Os primeiros computadores surgiram numa época bem próxima da criação da televisão. Em 1941 teve início a construção do Mark I e foi inaugurado em 1944, na Universidade de Harvard. Esta máquina era considerada uma calculadora de grande porte; media 2,40m de largura por 15,20m de comprimento e tinha uma capacidade de realizar 3 adições por segundo. Essa máquina era quase um computador e era controlada por extensas fileira, de relês eletro-mecânicos, funcionando como interruptores no controle da passagem de corrente elétrica. O ENIAC (Eletronic Numerical Integrator and Computer) começou a funcionar em fevereiro de 1946 e representou a transição das grandes calculadoras para a era dos computadores; possuía mais de 17 mil válvulas, pesava cerca de 30 toneladas e ocupava uma área de 160m^2, conforme Breton (1999).

Em termos de rapidez de funcionamento, o ENIAC era extremamente superior ao MARK I, pois realizava cerca de 5 mil adições por segundo e media cerca de 5,5m de largura por 24,40m de comprimento. Notase, portanto, uma grande proximidade entre a invenção dos primeiros computadores e da televisão, cuja relação mostra uma melhoria considerável da comunicação, onde rapidez, precisão e a superação da distância são os traços marcantes.

A história dos primeiros computadores pessoais tem o seu momento áureo nos meados da década de 70, na região americana do Vale do Silício, na Califórnia. Segundo a descrição proposta por Lévy (1993), esse início foi impulsionado pelo trabalho apaixonado de jovens audaciosos movidos pelo espírito de curiosidade,

Tecnologia e conhecimento

empreendimento e criatividade. Não pertenciam à elite intelectual ou científica da época, mas o resultado desse trabalho sinalizou o início de profundas transformações nos meios de informação e comunicação. Foi um momento radiante marcado por uma grande capacidade criativa, de sonhos e de efervescência de idéias. Nessa região, no início da década de 70, existiam várias indústrias eletrônicas, e os artefatos de informática estavam disponíveis em diversos locais. As próprias indústrias descartavam refugos que eram jogados no lixo ou comercializados a um preço irrisório. Esse refugo, aos olhos de um leigo, parecia não ter utilidade; porém, para muitos conhecedores de eletrônica era o material ideal para desenvolver seus inventos. As escolas da região ofereciam cursos de eletrônica, e assim surgiu um grande número de engenheiros, curiosos e inventores dispostos a utilizarem os rejeitos industriais para a criação de seus inventos.

Entre as tecnologias voltadas para a ampliação das condições de aprendizagem, as redes de computadores, juntamente com o livro, se caracterizam como recursos possíveis de serem utilizados de maneira associada. A preferência pela defesa do uso conjugado desses dois suportes de informações resulta da tendência de redimensionamento e não de negação da tecnologia anterior. Em outros termos, trata-se de defender a convivência enriquecedora entre o texto impresso e hipertexto digital, ao invés de apostar na afirmativa provocadora do fim do livro tradicional. O fim do livro impresso parece ser uma hipótese difícil de ser avaliada dada a proximidade do contexto atual do desenvolvimento tecnológico. Entretanto, a exemplo da extensa sucessão de outras criações tecnológicas, tudo leva a crer na coexistência desses dois suportes, com uma ampliação qualitativa do texto impresso.

Uma análise quanto à importância das novas formas de expressão do conhecimento pode ser deduzida do significado histórico que representou a invenção da escrita nas culturas da Antigüidade. Conforme observa Pierre Lévy (1993), a conquista da escrita representou um salto qualitativo para a ampliação da própria racionalidade, pois, registrando o conhecimento através da escrita, a capacidade de expressão oral e a inteligência se desenvolvem em função do uso da nova linguagem. Ao contrário do que pode parecer, a criação de uma nova linguagem representa uma ampliação das condições de aprendizagem.

Tendo em vista a presença ostensiva da tecnologia no mundo atual, é praticamente impossível imaginar qualquer retorno a uma sociedade organizada somente com os saberes primitivos. Mesmo nas comunidades mais isoladas, é sempre possível encontrar produtos e benefícios resultantes do avanço tecnológico. Por outro lado, toda vez que discutimos a tecnologia e seus benefícios sociais, nos vêm à mente as sofisticadas armas, as drogas e outros artefatos destruidores. Tal como existem máquinas que favorecem a vida, há as que são direcionadas para a morte. É preciso lembrar que, tal como os medicamentos, da mesma forma que curam, eles podem destruir a vida quando administrados de uma forma inadequada. Destacar essa primeira visão sobre a técnica é necessário para evitar qualquer julgamento precipitado, como se os produtos tecnológicos fossem entidades dotadas de vontade própria. A tecnologia em si não existe como entidade autônoma e desvinculada de vontades políticas, humanas e sociais. Por essa razão, ela não pode ser apressadamente classificada, em si mesma, como boa ou como ruim.

Tecnologia e inteligência

Quando consideramos a evolução de uma tecnologia, constatamos que, além de proporcionar melhores condições de vida para seus usuários, sempre é possível destacar que sua utilização racional pode favorecer a expansão da inteligência humana. Entretanto, nossa intenção educacional nos leva a destacar certas tecnologias particulares, cuja utilização está mais diretamente associada ao desenvolvimento da inteligência humana, no sentido dessa utilização favorecer a elaboração de novos conhecimentos. Temos um interesse especial em estudar essas tecnologias pelo fato de permitirem uma expansão qualitativa das possibilidades de elaboração do saber. Em outros termos, são técnicas que apresentam interesse direto para o estudo do fenômeno cognitivo. Pierre Lévy (1993) denomina tais recursos de tecnologias da inteligência e sua utilização pode resultar em um diferencial qualitativo para a aprendizagem, possibilitando meios para a realização de tarefas físicas e intelectuais.

Do ponto de vista didático, destaca-se que a utilização dessas tecnologias na educação não é a valorização de exercícios de repetição ou de tarefas automatizadas. Como as máquinas computacionais se aplicam com perfeição na execução de tarefas repetitivas ou automatizadas na prática educativa escolar, não faz sentido atribuir ao aluno atividades dessa natureza. Esta observação sinaliza um dos desafios da era da informática na educação, a saber: aos novos recursos, certamente caberá a quase totalidade das operações repetitivas, e, à aprendizagem, além de envolver uma preparação para o domínio dessa tecnologia, caberá um espaço mais exigente em termos de criatividade, iniciativa e resolução de problemas.

Trabalho coletivo

A evolução das ciências e das tecnologias envolve níveis mais elevados de complexidade conceitual, cuja abrangência não está restrita a uma única área de conhecimento. Pelo contrário, uma inovação tecnológica resulta, normalmente, do esforço integrado de uma equipe transdisciplinar disposta a transitar por espaços de idéias não exclusivas de uma única ciência. Nessa possibilidade de criação, está implícito um novo conceito de especialização, onde se exige uma dupla competência: quer seja o domínio de uma área específica e ter uma postura de receptividade pelas noções transdisciplinares. Cada nova criação ultrapassa o nível da abstração e da generalidade e torna operacional os valores utilitários do conhecimento, sinalizando um desafio novo para a educação escolar.

Como não é possível estabelecer uma separação nítida onde termina a ciência e começa a técnica, os recursos tecnológicos acabam sendo incorporados à própria natureza do conhecimento produzido com o seu auxílio. Muitas vezes, a própria técnica contribui para o redimensionamento do conhecimento científico que, por sua vez, possibilita a produção de novos recursos. Entretanto, quando essa reflexão é levada para o plano pedagógico, percebe-se o motivo pelo qual o computador não pode ser concebido simplesmente como um recurso metodológico. Sua utilização pode impulsionar a natureza dos saberes científicos.

Quando é focalizado o período que sucedeu ao final do século XIX, percebe-se mais o avanço significativo de várias inovações tecnológicas voltadas para o aprimoramento dos meios de comunicação e de informação. Em paralelo, esse avanço representou também uma melhoria considerável nas oportunidades de aprendizagem e na expansão do conhecimento. Na continuidade desse desenvolvimento, foram ampliados também sinais de mudança do quadro educacional. Na superação dos atuais desafios educacionais, torna-se mais perceptível a construção de soluções quando se lança um olhar sobre a evolução mais recente das tecnologias favoráveis à expansão das condições de aprendizagem.

A implantação de toda tecnologia cria uma situação de instabilidade e insegurança para aqueles que ainda não têm acesso aos seus benefícios. Mas, nem por isso podemos incorrer no erro de condenar a tecnologia em si mesma pelos problemas sociais que impedem a expansão dos programas educacionais. O acesso aos benefícios da tecnologia não é uma questão pertinente à tecnologia em si, depende do avanço das questões sociais. Este é o caso das tecnologias agrícolas, cuja utilização contribui para o aumento do desemprego de trabalhadores rurais. Esse problema não está na tecnologia em si, envolve as tramas existentes entre interesses econômicos e questões éticas determinantes para a condução de uma política do trabalho e do desenvolvimento social. Acima de tudo, são as desigualdades sociais e que condicionam não só a produção como a manutenção de acesso aos recursos tecnológicos.

Benefícios da tecnologia

As estatísticas mostram que nos últimos anos houve um crescimento expressivo do número de usuários conectados à rede mundial de informação. Este número é relativamente bem superior ao caso das tecnologias anteriores. Por mais significativo que tenha sido o avanço tecnológico no último século, no limiar do terceiro milênio, há ainda uma parcela importante de excluídos dos benefícios da utilização direta das principais tecnologias. Nos países mais desenvolvidos, há uma tendência de expansão desses benefícios a uma maior parcela da sociedade. Em paralelo a essa expansão, há também uma rede de interesses disputando o controle da evolução. Por esta razão, o desafio educacional inclui uma permanente consciência quanto ao uso especulativo das tecnologias para interesses alheios às finalidades educacionais.

Tecnologia e a evolução do conhecimento

Para abordar a especificidade educativa das tecnologias da comunicação, é conveniente analisar alguns dados históricos relativos às invenções que antecederam a produção dos atuais dispositivos digitais da informática. A longa seqüência evolutiva caracterizada pela criação do telégrafo, do telefone, do rádio, da televisão e do computador, culminando com rede mundial de computadores, entre outras interfaces, exemplifica uma proximidade com a evolução do conhecimento. Destacam-se em cada uma dessas invenções diferentes estágios, passando pelo uso de válvulas, transistores, circuitos integrados, microprocessadores, até atingir o nível mais complexo dos atuais sistemas digitais. Em cada estágio, destaca-se aprimoramentos e retificações de dispositivos, cuja evolução passa por um reinvestimento de informações, tal como ocorre com a própria formação de conhecimentos conceituais e/ou teóricos. Portanto, é razoável esperar que esse processo evolutivo de criação tecnológica constitua-se em um modelo associado ao próprio fenômeno de elaboração do conhecimento. A compreensão de um estabelece parâmetros para a compressão do outro. Para perceber o significado dessa observação, é oportuno descrever informações quanto à evolução de algumas tecnologias de comunicação, sem no entanto pretender fazer uma abordagem histórica.

A linguagem, a escrita, a imprensa, o rádio, a televisão, o computador e a Internet são exemplos de tecnologias cuja utilização pode contribuir fortemente para a expansão das condições de elaboração do conhecimento. Mas não podemos jamais falar em termos de garantias de sucesso nesse tipo de aprendizagem. Ao estudar o uso das tecnologias digitais no campo pedagógico, nosso interesse é ressaltar as potencialidades cognitivas desses recursos, explorando as melhores formas de utilização para melhoria das condições de aprendizagem. Para destacar sua importância, convém lembrar que a criação de uma tecnologia resulta de uma síntese de outras interfaces. Assim, cada nova criação traz diversos saberes acumulados. Em razão desse poder de síntese, o uso de um tal recurso oferece aos seus usuários os benefícios dessa convergência de saberes anteriores.

Utilização didática de uma tecnologia

A criação de um novo produto computacional está normalmente baseada em uma extensa rede de conhecimentos, envolvendo saberes acumulados ao longo da história das ciências e das tecnologias. Quando se trata de considerar o fenômeno da aprendizagem, fazendo utilização desse produto tecnológico, não é redundante enfatizar que a máquina em si não é capaz de produzir qualquer inovação em termos de novos conhecimentos. Portanto, a expressão *tecnologias da inteligência* deverá ser necessariamente entendida no sentido de exigir uma considerável componente do engajamento pessoal nas situações de aprendizagem. No sentido estrito, nenhuma máquina pode produzir conhecimentos ou inteligência. Trata-se de um dispositivo que fornece ou processa dados, informações e outros registros, funcionando como uma matéria-prima que deverá ser ainda processada. Por esse motivo, preferimos inúmeras vezes falar em termos de expansão das condições de desenvolver a inteligência. É somente a partir da interpretação dessas informações que inicia-se o processo de elaboração do conhecimento. Por esse motivo, a caracterização de uma tecnologia como recurso didático depende de estratégias compatíveis com a natureza do instrumento e com a linguagem por ele viabilizada. O próprio computador, mesmo conectado a uma rede de informação, por si só, não oferece nenhuma garantia de ampliação do conhecimento. Assim, a inserção dos novos recursos da informática na educação pressupõe uma competência pedagógica para a estruturação de objetivos, metodologias e conteúdos apropriados a esse novo instrumento, dando origem a uma vasta área de pesquisa educacional.

O livro e a imprensa como tecnologias da inteligência

Um destaque especial deve ser dado ao livro por se tratar de uma importante tecnologia que também pode favorecer o desenvolvimento da inteligência, estando associado diretamente à transmissão de informações e propiciando oportunidade do leitor ampliar seus conhecimentos. O livro nem sempre teve a forma atual: impresso em papel e encadernado em páginas numeradas numa ordem seqüencial. Os primeiros livros tiveram os mais variados suportes, tais como: papiros, pergaminhos, plaquetas de argila, pedras, tábuas, tecidos, folhas de palmeiras, até chegar no uso do papel. Os papiros eram folhas de uma planta que existia às margens do rio Nilo. Na forma de papiro utilizados pelos egípcios, os livros eram escritos em rolos que chegavam até 20m, sendo os mais antigos datados de 2400 antes de a.c.

O uso das plaquetas de argila como suporte para a escrita foi uma invenção dos babilônios. Utilizando a disponibilidade da argila existente entre os rios Eufrates e Tigre, na região da Mesopotâmia, esses povos desenvolveram a linguagem cuneiforme, considerada uma das mais antigas formas de linguagem. Já os pergaminhos eram feitos de pele de ovelha e permitiam uma superfície mais lisa e regular para escrever. Por esse motivo, a substituição dos antigos papiros por esse material representou uma técnica inovadora para a época. Sua utilização é registrada a partir de 500 a.c. até o aparecimento do papel. A técnica de fazer os livros em pergaminho representou uma inovação significativa em relação aos papiros porque permitia o uso de caracteres alfabéticos mais cursivos. A partir dos livros de pergaminho, surgem os livros manuscritos, fazendo uso do papel, que eram reproduzidos em pequenas quantidades e se encontram dispersos pelas bibliotecas da Idade Média.

Outra tecnologia com o mesmo nível de importância do livro é o caso da imprensa com tipos móveis. Trata-se de uma invenção que revolucionou todo o processo de comunicação. A partir de sua invenção, no século XV, a imprensa foi sendo gradativamente inserida na história da cultura e das práticas educativas. Como suporte de informações, a difusão do livro impresso desempenhou e ainda desempenha uma função diferenciada na educação escolar. Seu redimensionamento a partir da imprensa representou uma verdadeira revolução nas condições de aprendizagem, considerando o limite de sua difusão somente para os que tinham acesso ao uso. A facilidade de utilização dos tipos móveis ampliou a divulgação de textos e, assim, expandiu os saberes acumulados pela humanidade.

Interfaces, aprendizagem e inteligência

O computador pode ser também uma tecnologia que favorece a expansão da inteligência. Tudo depende da forma como sua utilização for cultivada pelos seus usuários. No caso do nosso objeto de estudo, se o seu uso for realizado a partir de certas condições pedagógicas, pode ampliar as oportunidades de aprendizagem do usuário, além de contribuir na estruturação de um raciocínio diferenciado em termos de eficiência, rapidez, precisão e o uso racional da automação. Nesse caso, os benefícios da tecnologia podem ser reinvestidos em favor do próprio conhecimento, possibilitando uma continuidade no encadeamento de novos saberes. A conexão de um computador a uma rede forma também uma tecnologia intelectual. Mas, como tais recursos não se destinam exclusivamente à finalidade educacional, da mesma forma como podem enriquecer a inteligência, podem também ser usados para as mais diversas finalidades. Entretanto, cumpre observar que uma tecnologia tem sua potencialidade educacional aumentada quando é possível estabelecer interfaces com outras tecnologias.

A noção de interface está relacionada aos dispositivos tecnológicos desenvolvidos para viabilizar o contato entre meios heterogêneos de sistemas informatizados. A origem do termo está associada à linguagem técnica da informática; entretanto, a noção estendeu-se para outras áreas e, no contexto educacional, passou a ser empregada para explicar a função cognitiva de suportes materiais produzidos para mediar sistemas de informação. Lévy (1993) apresenta a definição: "uma interface homem/máquina designa o conjunto de programas e aparelhos materiais que permitem a comunicação de um sistema informático e seus usuários humanos."

Devido à evolução tecnológica, não há condições de apresentar uma configuração estável para uma interface. Com o tempo, surgem modificações que definem novas configurações, que passam a ser consideradas as mais modernas. As interfaces são equipamentos que dizem respeito à tradução de informações de um nível ou de um contexto para outro essencialmente diferente. Assim, toda vez que se fala em interface, está em jogo a passagem de uma informação, de uma idéia ou mesmo de um sinal de um sistema para outro, viabilizando o contato entre meios distintos, como se fosse um recurso capaz de superar a fronteira que separa duas nações, entrando como mediadora de comunicação entre as diferenças existentes. Na área da informática, um exemplo usual de interface é a placa *modem* que viabiliza a tradução de informações digitalizadas em sinais analógicos, transitáveis pela linha telefônica. Sem esse dispositivo seria impossível operacionalizar as atuais redes de computadores. Para viabilizar a interatividade entre o usuário e o computador, várias interfaces encontram-se conectadas entre si, envolvendo tanto suportes de software como de hardware.

O sentido atribuído à noção de interface reforça a idéia de circulação de informações, quer seja entre os próprios sistemas técnicos ou entre estes e o usuário.

As interfaces mais visíveis em um computador são os dispositivos de entrada e de saída de dados, tais como o teclado e a impressora. A importância de uma interface amigável deve-se ao fato de que a cada dia é maior o número de usuários não especialistas. Portanto, torna-se cada vez mais necessária, pois certamente é muito mais fácil ler o resultado diretamente em uma tela de computador do que em uma fita perfurada ou em uma coleção de cartões.

De uma maneira geral, percebe-se que sempre houve um ciclo alternado no aparecimento e desaparecimento de interfaces. O desaparecimento de uma é substituído pela criação de uma nova, muitas vezes até mesmo imposta por interesses comerciais. Mas, quando se trata de produtos da informática, essa possibilidade de obsolescência parece ser muito mais acentuada do que outras tecnologias mais estáticas. Essa alternância do que pode ser considerado o mais moderno, em termos tecnológicos, leva-nos a refletir na consideração de valores, princípios e métodos não tão voláteis como ocorre no aparecimento dos novos equipamentos digitais.

A constante superação de uma interface por outra, na corrida tecnológica, já havia surgido logo na montagem dos primeiros computadores, ainda na década de 40. Quando a montagem de uma das primeiras máquinas era concluída, sua concepção já estava superada por outras, cuja possibilidade de existência já era conhecida através de projetos. Se temos hoje o conforto do uso da tela e o teclado, não é exagero idealizar, para um futuro próximo, a substituição do teclado por dispositivos sob o comando da voz, traduzindo sons em registros digitais.

Toda interface é o encadeamento de outras interfaces. Por exemplo, este é o caso dos sistemas desenvolvidos para o processamento de textos. A existência de um tal programa depende de uma rede de outras interfaces conectadas entre si, com o objetivo de, conjuntamente, possibilitar maior eficiência na função mediadora entre o usuário e a máquina. No caso dos processadores de texto, essa rede envolve diferentes línguas, números, alfabetos, corretores ortográficos, teclado, tela, entre outros. O funcionamento dessa rede de interfaces ocorre tanto em nível interno do processamento da máquina como em nível externo da entrada e saída de dados. Assim, a noção de interface pode ser estudada sob o destaque de dois contextos: no quadro específico da área de informática, através dos vários suportes que formam a base técnica do espaço virtual, e em um aspecto mais amplo, envolvendo invenções não necessariamente pertencentes ao domínio digital.

Nesse caso, podemos ilustrar a noção de interface através dos meios de comunicação, da utilização da escrita, da linguagem e da imprensa. Portanto, trata-se de uma noção com aplicações diretas na área pedagógica e didática. Conforme destaca Lévy (1993), o livro tal como é hoje conhecido, é uma interface elaborada sobre o suporte de uma extensa sucessão de outras interfaces: a escrita, o alfabeto, o papel, o sistema códex, a impressão, entre outras. Desta forma, em toda situação didática é possível identificar uma seqüência evolutiva de interfaces vinculada ao movimento de transposição dos saberes, o que nos leva a estimar a existência de uma relação entre as noções de interface e de transposição didática.

REDES DIGITAIS

Há vários motivos para que as redes digitais sejam incluídas entre os temas de interesse para o movimento de inserção dos computadores na educação escolar. O primeiro deles diz respeito a uma tendência em considerar o modelo reticular como recurso para interpretar o fenômeno de elaboração do conhecimento. A idéia dessa tendência é mostrar que o pensamento humano não funciona exclusivamente a partir de um modelo linear, seqüencial e bem ordenado. O segundo motivo está associado a uma crescente conscientização de que lançar redes de articulações é uma estratégia para ampliar o significado do saber escolar. Além desses motivos, o interesse em estudar o conceito de redes se deve ao fato dos suportes técnicos da informática funcionarem de acordo com um modelo em rede e de estarem cada vez mais próximo da realidade da instituição escolar.

O modelo em rede tende a ampliar a visão binária e linear que por muitos séculos predominou na interpretação do fenômeno cognitivo. Imaginar que a aprendizagem se faz somente por uma estrita relação binária entre um sujeito solitário e um objeto abstrato é uma concepção que vem sendo ampliada pelo uso da informática. Por outro lado, devemos evitar a visão da exclusão de um modelo por outro, porque, na realidade, o computador é uma máquina que tem uma grande familiaridade com a lógica binária, pois todos os seus registros funcionam com os símbolos 0 e 1. A vantagem é que esse modelo funciona em alta velocidade e com uma precisão não comparáveis com a performance humana, desprovida desse suporte técnico. O grande desafio é que a multiplicidade do pensamento não se reduz a essa lógica que admite duas posições; é preciso superá-la para se aproximar da complexidade que lhe é própria.

As redes digitais podem ser interpretadas a partir do conceito de agenciamento, lançado por Deleuze e Guattari (1997). Um agenciamento é a convergência de ações, competências, idéias e recursos técnicos, compartilhados por um coletivo humano disposto a somar seus esforços numa direção específica. Ele não tem uma essência pura e está sempre atuando por conflitos e avanços, lançando linhas de articulação com outros agenciamentos. Por vezes, se choca com forças contrárias, tentando desfazer caminhos já percorridos. As redes digitais são estruturas técnicas que contribuem no funcionamento dos agenciamentos humanos, onde não é adequado esperar a existência de nenhuma essência prévia. Todos os resultados dependem do fluxo das relações de forças envolvidas nos agenciamentos. O bom e o ruim são produtos.

Não temos aqui a intenção de definir tecnicamente o que seja a informática, pois este não é o nosso objeto de estudo. É preferível falar de redes digitais no sentido descrito por Pierre Lévy (1993), destacando suas características relacionadas ao conhecimento, como suporte técnico para os agenciamentos múltiplos que existem na sociedade escolar. No plano técnico, as redes funcionam com fluidos numéricos que carregam textos, sons, imagens, símbolos e outros suportes da cultura. Segundo esse autor, quatro pólos caracterizam o funcionamento de uma rede digital. Em primeiro lugar, elas têm a função e a competência para armazenar grandes quantidades de informações, como mostram os programas específicos de bancos de dados. Em segundo lugar, as redes digitais servem para transmitir informações para outros pólos do agenciamento em que se encontra os usuários. Para isso, existem programas que distribuem mensagens entre os membros do coletivo e outros que gerenciam correspondências pessoais.

Além de armazenar e transmitir dados, as redes podem ser usadas para tratar informações: receber, separar, modificar, copiar, colar, classificar e lançar os primeiros passos de uma análise. Finalmente, as informações contidas numa rede digital têm uma dimensão de produção, exigindo de seus usuários competências para compor, transformar e criar novas informações e conhecimentos que podem voltar a pertencer ao mesmo espaço virtual ou abortar por uma linha de fuga. Do ponto de vista educacional, esses quatro pólos da rede nos leva a perceber a exigência de competências específicas para cada um deles, o que indica alterações significativas para as práticas pedagógicas tradicionais sem o uso do computador.

Rede mundial de informações

As primeiras redes de gerenciamento de dados surgiram bem antes da expansão do uso dos primeiros computadores pessoais. De acordo com estudos sobre a história da informática realizados por Breton (1999), a primeira rede com essa finalidade foi construída pela IBM, em 1955, contendo 1200 terminais para interligar o fluxo de movimentação comercial de uma companhia aérea norte americana. Entretanto, foi somente a partir da década de 60 que teve início a criação de diversas redes especializadas, tanto nos Estados Unidos como na Europa, dando início a sucessivas fusões que levariam à criação da Internet, no início dos anos 90. Com a ampliação do uso dos computadores e com a melhoria do sistema de telefonia, o uso da Internet encontra-se em fase de expansão. O número de usuários aumenta em um ritmo muito superior ao registrado no caso de outras tecnologias precedentes, como o telefone, o rádio e a televisão, multiplicando também suas finalidades de utilização.

O custo da assinatura do serviço prestado pela rede tende a diminuir e a se equiparar ao custo do serviço telefônico. Essa tendência de popularização da rede mundial mostra a necessidade de considerar sua efetiva utilização no contexto escolar. Entre as tecnologias da comunicação, a Internet merece uma análise mais específica devido as suas amplas possibilidades de uso como fonte de informação para a aprendizagem escolar. Por certo, esta tende a ser uma das criações mais relevantes para a expansão das condições de acesso a informações educacionais e até mesmo como recurso adicional para a formação profissional.

Na trajetória evolutiva das redes de computadores, destaca-se o empenho das áreas militar e universitária para a criação de sistemas compatíveis com essa estrutura técnica. Em decorrência do lançamento do Sputinik, em 1957 pelos soviéticos, o departamento de defesa dos EUA deu início a um projeto avançado, envolvendo universidades e laboratórios, com o desafio de aumentar a competitividade daquele país. Um dos resultados desse projeto foi a criação de uma rede experimental de computadores que recebeu o nome de Arpanet. O objetivo desse projeto era conectar computadores criados a partir de diferentes sistemas operacionais, pois, essa era, naquele momento, uma das dificuldades para a formação de redes. O desafio era criar dispositivos para traduzir dados registrados em diferentes sistemas.

No momento de criação das primeiras redes, os modelos de computadores existentes nos gabinetes militares, nos laboratórios, nas empresas e nas universidades não eram compatíveis em relação aos sistemas de hardware e de software. Nesta época, a criação de tecnologias do tipo interfaces foi fortemente pesquisada, uma vez que tais dispositivos funcionam como tradutores de sistemas para que os computadores possam ser conectados entre si.

No transcorrer da década de 70, foi significativa a expansão do número de computadores interligados pela Arpanet. Franco (1997), em um trabalho sobre as redes, destaca dois fatos importantes no desenvolvimento da Arpanet, no início dos anos 80. Um deles se refere à substituição dos chamados *protocolos de regras*, até então adotados para o funcionamento das redes. Novas convenções foram criadas entre as grandes empresas para que os sistemas operacionais das novas máquinas pudessem expandir o grau de compatibilidade em relação às máquinas fabricadas até aquele momento. O outro fato destacado por Franco para impulsionar a criação dessas primeiras redes consiste na separação da Arpanet da Milnet, sendo esta uma rede especializada em informações militares. Tendo em vista a privacidade das informações militares, esta separação certamente permitiu uma maior liberdade de expansão para a circulação de informações de interesse educacional.

Ainda segundo estudos realizados por Franco, em 1986, a Fundação Nacional de Ciências dos EUA (NFS) criou uma rede voltada para a área acadêmica, denominada de NFSnet, destinada a servir universidades e outras instituições de pesquisa. A partir dessa época, registrou-se uma crescente expansão do número de computadores interligados até o ponto em que ela se tornou a linha suporte principal da rede dos EUA. Para superar as necessidades impostas por essa rápida dinâmica de crescimento, a NFSnet encerrou suas atividades em 1991, mas com a finalidade de convergir esforços na direção de um projeto ainda muito mais arrojado que foi a criação da Internet. Com base na análise realizada por Franco, é preciso destacar que, embora a NFSnet fosse inicialmente uma rede especializada em assuntos acadêmicos, por volta de 1990, procedeu-se uma fusão com outros provedores comerciais, sendo que este foi um passo decisivo para a criação da rede mundial.

Conhecimento e as redes digitais

A atividade pedagógica nos leva a indagar a respeito da natureza do conhecimento elaborado com o auxílio das redes digitais. É preciso refletir sobre essa indagação, tendo em vista a existência de uma influência considerável dos aspectos técnicos da rede na forma de registro e de apresentação do saber. Por certo, muitos resultados da pesquisa dependem, hoje, do tipo de operações realizadas com o apoio do computador. Em outros termos, estamos nos referindo à proximidade cada vez mais intensa entre tecnologia e ciência, não sendo mais adequado estabelecer distinções nítidas entre esses dois tipos de conhecimento.

No caso da matemática, a expansão das pesquisas que envolvem números primos tornou-se possível devido à rapidez e à eficiência dos cálculos realizados por programas especializados. A este propósito, Davis (1985) destaca aspectos desse tipo de pesquisa, cujo interesse se justifica em virtude do uso desses números na geração de códigos secretos para o registro de informações na memória de computadores. Por esse motivo, estamos supondo a existência de laços cada vez mais estreitos entre o saber científico e o uso de suportes tecnológicos.

O estudo das relações entre as redes digitais e a elaboração do conhecimento nos leva também à noção de educação à distância. Entendemos educação à distância como um agenciamento técnico-didático, concebido a partir de uma proposta que envolva métodos, valores e conteúdos, planejados e executados com o suporte de uma rede de informações. No sentido amplo, esta não é uma noção específica da era da informática, pois essa prática educativa já existia através do rádio e até mesmo através da tecnologia postal. O aspecto relevante é a existência de uma rede de informações para condicionar as situações de aprendizagem.

Para refletir sobre as possibilidades de expansão da educação à distância através do computador, podemos destacar uma condição que aproxima o rádio, a televisão e as redes digitais, utilizados especificamente em projetos educacionais. Trata-se da criação de um público em torno de uma finalidade específica, que no caso é a proposta educacional subjacente ao projeto. Existem experiências que dizem respeito ao uso dessas dinâmicas interativas entre o pólo coordenador do projeto e os alunos que se encontram participando desse agenciamento. Um dos aspectos positivos do uso educacional da Internet é o fato da interatividade ser levada a um patamar qualitativo muito superior em relação às tecnologias anteriores, e esta é uma das principais características potenciais da educação virtual.

É conveniente destacar que o telégrafo e o telefone, tais como foram criados no século XIX, geravam apenas linhas de comunicação e não redes no sentido da existência de diversas opções interativas. Não se trata mais de esperar uma relação entre dois pontos solitários, um sujeito e um objeto, tal como a aprendizagem era concebida. A multiplicidade envolvida numa rede favorece um agenciamento muito mais intenso de aprendizagem. As redes digitais envolvem noções diferenciadas por apresentarem uma configuração muito mais complexa do que um simples canal de comunicação. Nesse sentido, as redes resgatam essa componente importante do fenômeno cognitivo que é a interatividade. Enquanto as linhas são modelos lineares, envolvendo apenas os pólos da emissão e da recepção, as redes se equiparam a um agenciamento com vários pólos, todos funcionando ao mesmo tempo, em diversos pontos. Conectado a uma rede, o usuário é tanto um emissor como um receptor de mensagens.

Um exemplo de ampliação das condições cognitivas do uso de redes digitais é o sistema Linux. Trata-se de uma concepção diferenciada de gerenciamento computacional, que tem vantagens adicionais em relação ao sistema Windows, exatamente na dimensão da interatividade. Um programa criado para funcionar no sistema Linux permite ao usuário maior liberdade de interação, podendo baixá-lo e transformá-lo de acordo com seus interesses e necessidades. Do ponto de vista educacional, essa forma mais interativa reforça a potencialidade educativa das redes digitais de comunicação e de aprendizagem.

Em outros termos, o modelo da elaboração do conhecimento através da relação sujeito-objeto é redimensionado por um modelo mais complexo e mais próximo da diversidade característica do cérebro. As novas tecnologias da informática, quando analisadas no seu aspecto evolutivo, despertam um interesse pedagógico especial por sinalizar uma ampliação das oportunidades educacionais, principalmente, pelo aumento das condições de acesso às fontes de informações. A especificidade desse suporte extrapola o domínio tecnológico e tem condições de alterar os paradigmas de constituição de novos saberes. Assim, redimensionam o cenário pedagógico, indicando novas formas de aprender e alterações no sistema didático.

Características das redes digitais

As informações contidas na rede mundial de computadores encontram-se registradas através da técnica da digitalização, através da qual torna-se possível armazenar com mais segurança e facilidade grandes quantidades de dados. Esta é uma das características do conhecimento elaborado com o auxílio do computador e está, portanto, vinculada ao rol de conceitos de interesse didático. A diferença não está exatamente no conhecimento em si, mas na forma de sua produção, registro e apresentação. Acontece que esses aspectos formais alteram características que certamente estão presentes também nas práticas escolares.

No contexto da informática, o termo *digital* era associado à utilização dos números 1 e 0, com os quais foi possível criar a linguagem binária, mostrando a importância da matemática nas formas de registro e tratamento de informações. Entretanto, ao considerar a digitalização, pode-se destacar sua importância para as práticas educativas. Para isso, é preciso diferenciar o digital do analógico. O modelo analógico diz respeito a processos contínuos, lineares e seqüenciais, tal como ilustra o ritmo cadenciado dos relógios mecânicos, onde o movimento dos ponteiros obedece a um ritmo contínuo, sem ocorrer saltos perceptíveis de uma posição para outra. O modelo digital é concebido por estágios isolados de um sistema que, no contexto da informática, pode ser ilustrado pela linguagem binária, onde os dois dígitos, ilustrando a interrupção ou a passagem da corrente elétrica, estabelecem uma linguagem de máquina. É uma das mais simples linguagens, no que diz respeito ao número de símbolos. Tudo o que se encontra gravado na memória do computador está sob a forma digital: textos, imagens, entre outros elementos da representação lingüística.

Não se trata de contrapor um desses modelos em relação ao outro, pois eles se complementam para expressar uma melhor aproximação do fenômeno cognitivo. A partir desse entendimento, ao projetar tais conceitos no plano didático, constata-se que a forma textual, representada pelo livro, é analógica no sentido da linearidade de sua apresentação. Ao contrário do que acontece na tela de um computador, as páginas do livro são passadas numa dinâmica contínua. A seqüência fixa de numeração das páginas, a ordem cadenciada das linhas e parágrafos, a apresentação encadeada de idéias são elementos característicos do livro, e esta forma textual diz respeito ao processo de comunicação ou de organização do saber. Na realidade, essa apresentação é necessária, mas não é suficiente para expressar a cognição. Assim, um dos desafios é analisar a função desses conceitos na dinâmica da aprendizagem virtual.

A técnica da digitalização permite que as informações sejam tratadas pela máquina em alta velocidade, diversificando as maneiras de apresentar textos, imagens, sons e movimentos. Essas alternativas são concebidas por ocasião da criação do programa, cuja leitura não ocorrerá mais como ocorre no texto clássico. O modelo digital oferece uma dinâmica incomparável com o modelo tradicional, no sentido de permitir uma interação mais intensa entre o usuário e a máquina. Não há um único caminho a ser seguido, pois o texto pode ser explorado de forma diversificada. Ao interagir com tal modelo, o usuário é desafiado a ser mais autônomo, não encontrando mais a serenidade seqüencial das páginas de um livro.

A digitalização da informação assume uma dimensão marcante na ampliação dos meios de comunicação; por conseguinte, amplia as condições de aprendizagem. Uma das características do fluxo de informações que transita pelo espaço virtual é o fato de estar sempre apto a processar um grande número de informações numa velocidade cada vez maior. A passagem do modelo analógico para o digital significa um nível mais rigoroso e confiável na veiculação de mensagens. Quer seja na forma textual, de imagem ou som, os dados têm maiores possibilidades de preservação e de fidelidade na emissão, transmissão e recepção.

Da mesma forma como um pequeno computador pode ser conectado a um computador mais potente que se encontra a quilômetros de distância, ele pode também ser conectado ao computador que encontra-se ao lado. A distância não é um obstáculo capaz de obstruir a rede. Então, a noção de espaço fica redimensionada. A noção de distância no espaço virtual leva a uma concepção diferenciada em relação ao espaço geográfico em que vivemos, pois não mais prevalece o sentido comum do que seja perto ou longe. Toda localidade servida pela rede telefônica e por um provedor, quer sejam os pequenos distritos ou as grandes metrópoles, abre as condições para uma conexão à rede mundial de comunicação. Esta possibilidade expande as condições de acesso às fontes de informação e revela novos caminhos para a educação.

Uma outra característica da rede é o fato de não estar mais condicionada a um território específico. A desterritorialização é um conceito com o qual é possível interpretar situações características da sociedade da informação. Sob a influência da cultura do espaço virtual não se tem mais territórios fixos, e há uma tendência a perder seus vínculos com a terra natal. Guattari (1998) analisa a restauração da cidade subjetiva, lembrando a impossibilidade de retornar à terra natal. Para este autor, a perda do território significa que a subjetividade entrou num processo de nomadismo e, mesmo que se tenha maior facilidade de locomoção, os diversos espaços das cidades se padronizam, negando o colorido das cidades do passado.

Mesmo reconhecendo a existência de bases físicas que exercem um relativo controle técnico sobre uma parte da rede mundial de computadores, tais como os provedores regionais, não há uma configuração estática na totalidade de sua arquitetura. Além disso, quando levamos em consideração o conjunto de todas as páginas disponíveis na Internet, torna-se impossível ter domínio completo do fluxo de informações que transita por esse espaço. O suporte técnico está em um permanente processo de aprimoramento e de reconfiguração, tal como o conjunto das próprias informações que são transformadas num ritmo cada vez mais intenso.

Com o fenômeno da desterritorialização, surge a dúvida se a expansão desse grande espaço virtual não oferece algum risco à soberania das nações, uma vez que ocorre um aparente rompimento com as fronteiras tradicionais. No bojo da globalização, é preciso perceber que, pelo contrário, os aparatos técnicos da rede mundial de informação servem como instrumentos para enriquecer a diversidade existente. O problema da soberania cultural das nações provoca um debate entre os defensores das tradicionais fronteiras. Por certo, o conceito de cultura e aprendizagem deve ser repensado diante do novo quadro tecnológico. A essa questão se contrapõe o caráter desterritorializante das grandes redes de informação como a Internet.

Outra característica da rede mundial de informações é a virtualização que predomina através das múltiplas relações envolvidas. Cada vez mais, as pessoas realizam compras em lojas virtuais, serviços são prestados através da rede, pessoas trabalham e se divertem, muitas horas são consumidas em frente ao computador. Mas, é bom lembrar que a virtualidade não deve ser entendida como sendo o oposto da realidade, ela apenas não tem a mesma natureza dos acontecimentos do aqui e agora, como aqueles característicos da atualidade.

A rede de computadores, por envolver uma enorme quantidade de informações, constitui-se em um suporte ideal para ampliar as condições da interatividade. Ao utilizar a rede, é possível que o usuário estabeleça uma dinâmica de interação, incluindo diretamente interlocutores humanos, como é o caso do *chat*. E esta é uma característica importante para a expansão da comunicação e mais precisamente no contexto de sistemas educacionais. Se o espaço virtual possibilita maior rapidez e eficiência na interação entre pessoas, empresas e governos, por certo, não seria a escola a instituição a ficar fora dessa abrangência. A interatividade permitida pela utilização das redes digitais representa uma nova concepção de fronteira, redefine o sentido atribuído à noção estática dos limites geográficos e contribui para a superação da distância vinculada ao próprio espaço físico. O tempo necessário para consolidar esse processo interativo fica reduzido à quase instantaneidade.

A noção de circularidade absoluta nas redes de computadores é destacada por Franco (1997), fazendo referência aos trabalhos de Sfez (1994). A circularidade absoluta caracteriza-se por dois aspectos principais: a alta velocidade de seu funcionamento e a abolição de um território básico para sua emanação. Portanto, teorias tradicionais de comunicação não se aplicam mais facilmente às condições do espaço virtual, fazendo com que estejamos vigilantes para repensar as condições ideais da atualidade para o funcionamento do fenômeno cognitivo.

Redes digitais

A interatividade através da rede mundial de computadores não mais se adapta ao esquema binário, quando era modelizado apenas um emissor e um receptor, como as tradicionais malhas de informação. O pólo emissor não tem um estatuto radicalmente diferenciado em relação ao receptor, uma vez que este é capaz também de interagir e até mesmo inserir na rede suas próprias informações, não existindo controle absoluto e centralizador.

Espaço e tempo

A inserção do computador na educação estimula uma reflexão em torno das noções de espaço e tempo. Estes conceitos passam a despertar maior interesse, principalmente, em função das alterações condicionadas pelo uso generalizado da informática. Em particular, o tempo passa a exercer uma função mais específica na aprendizagem, pois a sociedade da informação tende a exigir que soluções sejam apresentadas no mesmo ritmo em que as máquinas digitais executam os comandos recebidos. Corre-se o risco de haver interpretações equivocadas como essa que tenta comparar máquinas com seres humanos, cérebros com computadores etc. Assim, o interesse em compreender as mudanças referentes ao tempo não é uma prioridade somente da filosofia, ciência ou tecnologia, pelo contrário, é também um tema diretamente pertinente à educação dos dias de hoje.

Há uma estreita correlação entre a evolução tecnológica da informação e o conceito de tempo decorrente de suas várias formas de utilização. Na medida em que expande o uso da informática, cresce também a exigência de uma racionalização maior do uso do tempo nas diversas atividades vinculadas à utilização das máquinas. Desde o surgimento dos primeiros computadores, um dos desafios é reduzir cada vez mais o tempo necessário para execução de grandes programas, uma vez que o custo é diretamente proporcional a essa variável.

Quanto mais a tecnologia é desenvolvida, maior é o compromisso de conciliar entre a questão da eficiência e da rapidez. Se a evolução do rádio, do telefone e da televisão contribuiu para uma ampliação qualitativa da comunicação, o computador e as redes complementam essa evolução e redimensionam o conceito de comunicação para a educação. Esse ciclo evolutivo da tecnologia destaca-se por uma redefinição permanente dos conceitos de tempo e de espaço.

Um exemplo nessa vertente refere-se às facilidades existentes atualmente para a edição de textos. Se a preparação de um texto com o uso da velha máquina de escrever representou um avanço em relação ao manuscrito, o uso do computador revolucionou a própria noção de edição. O ritmo lento da datilografia foi substituído pelo ritmo acelerado da digitalização. A conexão entre as várias interfaces para a edição de textos transformou radicalmente a escrita linear por uma dinâmica muito mais rápida, eficiente e precisa. O suporte estático do papel fica ampliado não só pela memória, como também pelas telas e teclados dos computadores. Essas transformações implicam em redefinir concepções quanto aos saberes, não só quanto à forma mas também quanto a sua própria natureza.

Há um espaço para refletir sobre o redimensionamento do atual modelo presencial de educação escolar para outras alternativas de educação na forma virtual. Esta passagem também requer concepções diferenciadas em relação às noções de tempo e de espaço, as quais condicionam uma nova forma de conceber e praticar o sistema educacional escolar. Por outro lado, é fundamental levar em consideração a especificidade da educação no tratamento desses novos conceitos, pois a aprendizagem não flui ao mesmo ritmo do tempo real característico das transações comerciais através da rede eletrônica. O atual cenário pedagógico propicia uma oportunidade para repensar também concepções relativas ao tempo próprio da era tecnológica.

São mudanças que sinalizam implicações de interesse direto para as práticas pedagógicas escolares. O enfoque priorizado nessa análise está direcionado para as novas condições de aprendizagem relacionadas ao tempo e que se fazem presentes em função do uso dos novos recursos computacionais. O tempo passa a exercer uma função mais específica na estruturação do conhecimento exigido pela sociedade da informação. Podemos verificar que mudanças referentes ao tempo digital são extensivas a diversos setores da sociedade; por conseguinte, é um tema pertinente à educação. O cenário desse debate envolve a passagem do tradicional modelo de escola presencial para outras formas de organização pedagógica, concebidas em uma dinâmica virtual. A construção dessa nova educação requer uma reflexão diferenciada em relação às noções de tempo e de espaço, compatíveis com a especificidade educacional.

Muitas máquinas e pouco tempo

Na sociedade contemporânea, identifica-se um paradoxo referente ao tempo e ao uso das máquinas. Estatísticas mostram que as pessoas estão vivendo cada vez mais, trabalhando cada vez menos e utilizando inúmeros suportes tecnológicos para facilitar a vida cotidiana. Mesmo assim, tem-se um sentimento crescente de uma falta de tempo para realizar atividades consideradas importantes, porém, excluídas da extensa lista de prioridades. Hábitos sociais valorizados no passado, envolvendo maior tempo para serem mantidos, são abandonados em função de outros, quase sempre realizados com o suporte da tecnologia. Se a convivência com essa nova temporalidade é um desafio nos mais diversos setores da sociedade, no contexto escolar também faz-se necessário refletir na busca de melhores opções para um aproveitamento mais racional do tempo pedagógico. Assim, somos desafiados a conciliar o controle rigoroso dos dispositivos tecnológicos com o tempo necessário para fluir a cognição. A tendência é que o aluno permaneça mais tempo diante do computador e que sua relação com o professor seja repensada em níveis de maior exigência de produção.

O resgate da valorização da relação entre professor e alunos, certamente, passa por uma melhor adequação do tempo e do nível efetivo de envolvimento por ambas as partes. Esta reflexão torna-se necessária porque existe uma estreita correlação entre a evolução tecnológica da informação e a *racionalização do uso do tempo*. Assim, considerar o avanço dessa tecnologia é também considerar a racionalização cada vez maior do uso do tempo. Quanto mais os suportes tecnológicos

Espaço e tempo

são aprimorados, maior eficiência e rapidez se consegue no processo de comunicação. Se a evolução do rádio, do telefone e da televisão contribuíram para a ampliação das tecnologias da inteligência, o computador e suas interfaces complementam essa evolução, redimensionando a informação e a comunicação.

Esse ciclo evolutivo da tecnologia destaca-se por uma constante redefinição do conceito de tempo e de espaço nele utilizado. Por exemplo, no caso do telefone, sua atual eficiência e rapidez contribuem para que, normalmente, hoje, se esqueça da realidade bem diferente de uma época não muito distante. Há algumas décadas, para completar uma ligação, era necessário encomendá-la a uma telefonista, e uma ligação interurbana podia demorar até mesmo várias horas. Hoje, com a expansão da telefonia, tornou-se possível a expansão das redes, fazendo veicular informações em ritmo do tempo real.

Controle do tempo

Houve uma época em que não havia instrumentos técnicos para controlar o tempo. A vida transcorria ao ritmo lento e preguiçoso da própria natureza. O desfile linear e seqüencial dos segundos, minutos e horas, representado pelo modelo matemático, não exercia nenhum poder sobre as relações humanas. A claridade do dia, o silêncio da noite, as fases da lua e as estações do ano indicavam o momento certo para cada acontecimento importante da vida. Esse tempo natural da vida primitiva não era ainda cronometrado, estava livre do controle associado às criações tecnológicas. Pouco a pouco foram surgindo os primeiros instrumentos inventados para medir o tempo, tais como os relógios de água,

131

areia, sol e engrenagens. A partir desse momento, as relações entre as pessoas passaram a ser reguladas por meio desses primeiros instrumentos e nada mais foi igual ao tempo primitivo da vida dos nômades.

Assmann (1998) descreve, com maestria e leveza, aspectos fundamentais relativos às mudanças conceituais do tempo na era da informática e observa que, na sucessão desses primeiros instrumentos destinados ao controle temporal, surgiram os primeiros relógios mecânicos em torno dos séculos XI e XIII. Becker (1974), em um tratado de história da cultura, também relaciona o relógio mecânico entre as invenções tecnológicas no século XIII, juntamente com as lentes compostas, os óculos e a roda de fiar. Esses primeiros relógios, instalados no alto das torres, tinham a função de controlar o ritmo da vida das pessoas comuns daquela comunidade e, principalmente, as horas de orações e de trabalho na rotina dos mosteiros, igrejas e castelos. Essas primeiras máquinas do tempo não funcionavam com precisão e, portanto, eram usadas ainda em sintonia com o tempo natural.

Com os conhecimentos de mecânica desenvolvidos no Renascimento, a partir do século XVI, o relógio pôde ser aperfeiçoado e passou a ser utilizado para mover máquinas de música, tais como os realejos e outros autômatos. No transcorrer da história, a supremacia do tempo cronológico foi se instalando sobre o tempo vivido, a tal ponto que passou a significar a legítima expressão do rigor e da precisão científica. Hoje, diante do uso da tecnologia, somos levados a indagar se seria conveniente a tentativa de impor o predomínio absoluto do cronômetro sobre o tempo vivido. Tudo indica que a valorização de um em detrimento do outro não contribui para a busca do equilíbrio necessário.

A opção pedagógica mais razoável parece ser a que não estabelece antagonismo entre o controle do relógio e o ritmo necessário no desenrolar da vida. O uso educativo das novas tecnologias deverá ser conduzido nessa direção conciliatória. A rapidez no tratamento informatizado de informações deve ser conciliada com a especificidade da aprendizagem escolar, dotada de uma natureza essencialmente diferente das relações criadas no contexto puramente tecnológico. Com o advento da era tecnológica, crescem também as tentativas frenéticas de refinar o grau de precisão do tempo através das máquinas. Em particular, pode ser destacado o exemplo da passagem do relógio analógico para o digital, inspirando uma sugestiva releitura das regras do território pedagógico. Com o novo relógio digital, praticamente desaparece a figura centralizadora do eixo principal que controlava o funcionamento dos relógios dotados de ponteiros e cordas. O encadeamento sincronizado das engrenagens parecia ditar o ritmo correto de um fluxo linear.

Tempo no trabalho didático

Na análise da transposição didática proposta por Chevallard (1991), estudando o processo evolutivo dos saberes destinados a compor o currículo escolar, é possível distinguir a importância pedagógica de duas variáveis fundamentais para compreender a natureza da educação escolar. Trata-se do tempo didático e do tempo de aprendizagem.

O tempo didático é estipulado para cumprir uma exigência do planejamento pedagógico, quer seja em nível de uma aula, de uma unidade ou de um curso completo. Sua concepção pressupõe um caráter linear, cumulativo e seqüencial para a elaboração de atividades relativas ao ensino disciplinar. Mesmo que a consideração dessa variável seja uma condicionante intrínseca ao conceito de planejamento, cumpre destacar que ela implica no pressuposto de que seja possível delimitar o tempo de aprendizagem. Torna-se necessário relembrar a concepção de que o ensino e a aprendizagem são fenômenos indissociáveis, onde um dos desafios é conciliar o plano subjetivo com o exercício de um certo controle por parte do professor. Na tendência pedagógica centralizada no professor, normalmente, acredita-se que o tempo didático seja o mesmo da aprendizagem e que esta seja sempre possível através da apresentação de uma seqüência lógica e linear dos conteúdos.

No ensino tradicional da matemática, quando fundamentado unicamente no método dedutivo, é a manifestação da crença de que é possível identificar o tempo de ensino com o tempo da aprendizagem. Essa concepção revela uma desistência de tentar compreender o fenômeno cognitivo. Por esta razão, faz-se opção pela simples apresentação formal do conteúdo, considerando esta atividade como a parte essencial do trabalho do professor.

O tempo de aprendizagem é caracterizado pelo conflito próprio das múltiplas diferenças individuais de cada sujeito frente ao processo de elaboração do conhecimento. Portanto, é o tempo cuja especificidade diz respeito mais particularmente à essência do fenômeno da aprendizagem escolar, conciliando a formalidade disciplinar com os vários desafios relacionados à criatividade, autonomia, iniciativa e engajamento pessoal. Em parte, sua complexidade se deve ao fato de que a aprendizagem exige uma permanente realização de sínteses para reorganizar dados e informações, substratos vitais para a elaboração de um novo conhecimento. Não é possível comparar a dificuldade envolvida na organização do tempo didático com aquele da aprendizagem. Este não é seqüencial e nem pode ser linear, pois é sempre preciso retomar conhecimentos anteriores para poder transformá-los e adaptá-los à nova situação de aprendizagem. Essa volta aos saberes já consolidados ocorre num ritmo imprevisível, variando no nível de cada subjetividade. Na comparação entre o tempo didático e o tempo de aprendizagem, deve-se considerar que a temporalidade subjetiva não pode ser igualada às exigências do planejamento didático. Se um está mais próximo do aspecto cronológico, o outro é inerente à vivência de cada aluno.

São conceitos pedagógicos que marcam um importante tema referente à avaliação, pois esses tempos são também transformados diante da possibilidade de uso das novas tecnologias na educação. A possibilidade de acesso a um enorme número de informações coloca ao sujeito cognitivo um desafio específico para experimentar novas situações de aprendizagem. Na mesma proporção que se torna mais fácil navegar pelo espaço virtual, aumenta também a possibilidade de se perder entre conceitos transdisciplinares. Não se trata de cultivar saudosismo da época em que reinava a cultura da escrita sobre um suporte de papel.

O ritmo lento do passar das páginas de um livro parece ser mais pertinente ao tempo da vida do que à frenética linearidade do tempo-máquina, e a intuição nos indica que não devemos negar nenhum desses dois ritmos. Assim, ao analisar a expansão do uso do computador na educação, a melhor maneira de trabalhar os riscos de uma possível utilização inadequada é partir dos problemas e reinvestir em uma postura reflexiva à necessária superação.

Tempo na educação escolar

Estudar as raízes que se entrelaçam entre os conceitos de tempo, espaço e virtualidade é necessário para perceber as grandes tendências do atual cenário pedagógico na educação escolar. São três noções fortemente relacionadas entre si, cujas conexões indicam uma dimensão importante do desafio de incorporação da tecnologia da informática na prática pedagógica. A análise das alterações do tempo, decorrentes do uso dos novos recursos da informática, é fundamental para compreender suas implicações no plano educacional.

De uma forma geral, a *racionalização do uso do tempo* passa a ser uma exigência bem mais preponderante na estruturação de novas situações de aprendizagem através do uso da tecnologia. Mesmo que esta não seja uma exigência exclusiva da educação escolar, o desafio didático consiste em desenvolver práticas pedagógicas mais compatíveis com o fluxo desse novo tempo. O cenário desse debate envolve a passagem do modelo atual de escola para outras formas de organização da prática educativa concebidas numa dinâmica virtual. Essa passagem requer, além do uso dos recursos da informática, alternativas diferenciadas de aprendizagem em relação aos conceitos de tempo, espaço e virtualidade.

O espaço e o tempo da escola virtual são essencialmente diferentes daqueles do contexto tradicional. O espaço físico da escola, com suas salas e carteiras enfileiradas, cercado por muros cada vez mais altos, tende a ser redimensionado por laboratórios dotados de computadores, programas e professores com um novo perfil pedagógico. A conexão com redes de informação expandirá as condições de comunicação com outras instituições, aumentando ainda a interação entre professores e alunos. Assim, essa nova escola deverá ser concebida como parte integrante do espaço virtual. A estrutura formada pela sucessão de interfaces conectadas entre si, associada ao universo de informações digitalizadas na rede, estende o espaço físico das salas de aula e das bibliotecas, no mesmo sentido que o hipertexto amplia o espaço das páginas do texto impresso. O tempo de acesso ao espaço virtual da escola será muito mais rápido do que o acesso físico à escola tradicional.

Nessa perspectiva, a presença virtual torna-se um importante tema de reflexão pedagógica para repensar as condições de interação qualitativa entre professor e alunos, que não se encontram num mesmo espaço físico. Acreditamos que esta seja uma tendência irreversível e necessária para a expansão da educação escolar. Experiências de ensino à distância já existentes, ainda mais restritas ao ensino superior, mostram os primeiros resultados e obstáculos para viabilizar essa tendência de ampliação do sistema educacional. Parece evidente que o acesso a esse modelo de educação não traz nenhuma garantia de sucesso no resultado na ação educacional. Essa oportunidade de acesso representa a condição inicial; o segundo desafio é construir uma educação virtual que satisfaça um padrão de melhor qualidade para a realidade educacional.

Para alcançar esse padrão de qualidade, a presença virtual deverá se impor como uma alternativa de ampliação qualitativa da presença física. É preciso perceber que, se por um lado, a tendência tecnológica sinaliza para uma maior flexibilidade do uso do tempo, por outro, predominará uma exigência muita mais acentuada do envolvimento do aluno na elaboração do seu próprio saber. A flexibilização do tempo de aprendizagem torna-se viável através da utilização das informações disponíveis no espaço virtual. Assim, o compromisso de todos os envolvidos no processo educativo tende a exercer uma função ainda mais importante na estruturação da educação virtual.

O esquecimento desse compromisso representará um primeiro passo para agravar os problemas da inserção social. Se as atividades humanas sempre se realizam em função de um determinado tempo e se os novos recursos tecnológicos atingem vários setores da sociedade, poderia até parecer redundante colocar a questão do tempo no contexto educacional. Mas não é bem assim. No plano escolar, as questões relativas ao tempo são ainda mais sutis, por envolver uma multiplicidade de aspectos, tais como as diferenças individuais implícitas no fenômeno da aprendizagem e a especificidade de cada área do conhecimento.

A evolução da elaboração do conhecimento, a resolução de problemas, o desenvolvimento do raciocínio e da criatividade, como habilidades específicas da atividade pedagógica, são intrinsecamente definidas em função de um tempo próprio. A tendência prevista para a evolução das técnicas pedagógicas é afastar a idéia de que ensinar é repassar informações, como se o conhecimento pudesse ser transposto do plano intelectual do professor para outro.

É indispensável colocar em debate o tempo de formação do conhecimento no estrito plano do entendimento humano. Assim, a ação pedagógica se expande na medida em que esse tempo seja melhor conhecido. Não se deve incorrer no erro de tentar identificar o *tempo da mídia* com o tempo da escola. A rapidez com que as informações circulam pela mídia televisiva, pela Internet ou pela telefonia celular não é pertinente à especificidade da natureza do fenômeno da aprendizagem escolar. O específico da atividade pedagógica volta-se para a sistematização do trabalho, com as informações visando o desenvolvimento de competências e a formação de conhecimentos. A mídia não tem essa especialidade, e, mesmo tendo uma função educativa, pois pode ser utilizada para contribuir na aprendizagem, sua função de informação e lazer é bem mais ampla do que a natureza da atividade escolar.

Tempo Real, Linear e Circular

Há uma estreita correlação entre a evolução da tecnologia e a necessidade de redefinição do conceito de tempo. O uso dos novos recursos da informática impõe um ritmo diferenciado em vários setores da vida cotidiana. A primeira observação é que a expansão da tecnologia faz com que a distância física seja superada, estabelecendo uma nova ordem às condições da comunicação e de informação. Diversas ações humanas são realizadas cada vez com maior rapidez e eficiência, independentes da distância em que se encontram as pessoas. Tais mudanças condicionam alterações para a valorização de atividades escolares mais compatíveis à dinâmica da informática. O desafio nessa mudança é que, no fenômeno cognitivo, não predomina um único tempo. Sua natureza psicológica não se identifica à ordem burocrática do tempo do ensino. Portanto, tendo em vista a especificidade educativa, é oportuno considerar a análise de Lévy (1993), distinguindo os tempos:real, linear e circular.

O tempo real caracteriza-se pela velocidade própria da era da informática, através da qual torna-se possível realizar uma interatividade quase instantânea entre o usuário e a máquina. É um tempo que conduz o ritmo frenético da sociedade do conhecimento e da informação, na qual alguns toques no teclado são suficientes para realizar operações financeiras ou ensaios científicos. Mesmo que a expressão *tempo real* contenha um abuso de linguagem, pois, na realidade, não se trata de um tempo instantâneo, ela enfatiza a rapidez que a informática possibilita em relação às tecnologias anteriores. A sucessão de interfaces conectadas entre si possibilita uma maior eficiência e precisão no tratamento de dados e de informações. Por conseguinte, a elaboração do conhecimento tem sua dinâmica facilitada por intermédio do uso da informática, onde a digitalização passa a ser uma linguagem fundamental para o registro dos conhecimentos produzidos pela humanidade.

O tempo linear tem sua existência associada à sociedade da escrita. Para perceber o sentido deste tempo, devemos lembrar que as tecnologias da inteligência alteram profundamente as relações entre o tempo e o espaço. O primeiro exemplo nesse sentido é a escrita. A partir de sua invenção, a mensagem escrita passou a ser decodificada num espaço e tempo distintos daqueles da produção, o que não era possível na época da oralidade primária.

A potencialidade da escrita foi ampliada pela invenção de outra tecnologia revolucionária que é a imprensa. Através das interfaces associadas à imprensa, ampliou-se a dinâmica de comunicação. A linearidade das páginas do livro assemelha-se ao ritmo cadenciado da cultura marcada pela imprensa. Entretanto, com a ordem estabelecida pelo computador, o *hipertexto* altera a ordem que caracteriza os textos tradicionais. A interação entre o leitor e o autor é remetida a um plano bem mais complexo e dinâmico, enriquecendo a aprendizagem.

Ainda na vertente analisada por Lévy (1993), o tempo da circularidade explica o ritmo da sociedade da oralidade primária, caracterizada por uma época onde não se dominava ainda a técnica da escrita. O domínio exclusivo da oralidade produzia, certamente, um tipo particular de racionalidade pouco estimulante quando comparada com a potencialidade contida na escrita e muito mais recentemente no uso dos computadores. O uso da memória, da repetição e da expressão oral tinha funções especiais na preservação de saberes acumulados por sociedades da Antigüidade. Ao ritmo do tempo da circularidade corresponde uma forma particular de aprendizagem com as mesmas características da circularidade. De certo modo, a ênfase na repetição e na memorização na aprendizagem, ainda presentes em certas práticas pedagógicas, é uma influência remanescente desse tempo circular.

A esses três tempos associam-se diferentes formas de aprender próximas das características de cada um. Essa correlação contribui para melhor compreender o desafio de explorar as potencialidades do computador, como uma continuidade da evolução tecnológica e de suas respectivas formas de aprendizagem. A aprendizagem relativa ao tempo real amplia o espectro de possibilidades de simulação do conhecimento através do uso do computador. Isto redefine as condições temporais na atividade pedagógica.

Através de programas de simulação, torna-se possível trabalhar desde um simples algoritmo, até sofisticados modelos voltados para a percepção antecipada de casos particulares de um problema. Assim, são inúmeras as alternativas de contextualização dos saberes escolares através de uma forma mais dinâmica, onde o texto educacional passa a ser enriquecido por sons, imagens, cores e movimento. Essas novas situações poderão envolver: elaboração de conceitos, resolução de problemas, simulação do conhecimento, relacionadas ao uso do tempo real característico da aprendizagem na era tecnológica.

Interatividade e Simulação

A transição para a sociedade da informação requer estratégias educativas mais audaciosas do que aquelas representadas pelos métodos tradicionais de aprendizagem. O uso didático da informática requer métodos que favoreçam a articulação entre a elaboração de conhecimentos e os valores por eles visados. Dessa forma, ao estudar esse esboço de um cenário educacional, tratamos de realçar vínculos entre método, objeto e valores. Porém, não é possível inovar procedimentos metodológicos sem que haja conceitos compatíveis com as novas interfaces computacionais. Por esta razão, neste capítulo, analisamos três noções cujas características são compatíveis com os desafios desse novo cenário pedagógico. Trata-se da interatividade, da simulação e da aprendizagem, consideradas apropriadas à estruturação de estratégias didáticas, contando com a utilização dos recursos da informática. A importância dessas noções resulta de uma proximidade entre elas e a concepção usual de aprendizagem, pois quando se fala em conhecimento sempre é possível destacar a existência de uma relação entre dois elementos fundamentais que são o sujeito e o objeto.

Interatividade como ampliação da aprendizagem

O sucesso do uso do computador como uma tecnologia que pode favorecer a expansão da inteligência depende da forma como ocorre a relação entre o usuário e as informações contidas no programa por ele utilizado. Quanto mais interativa for essa relação, maiores serão as possibilidades de enriquecer as condições de elaboração do saber. Este é um dos principais argumentos para justificar a importância do estudo da interatividade no contexto da inserção dos computadores na educação escolar. Por esse motivo, sua análise pode contribuir para melhor caracterizar o computador como um recurso didático. Sendo assim, a possibilidade do saber aprendido tornar-se mais significativo, na medida em que aumenta as chances de interação entre o usuário com a dinâmica estrutural do programa. Nesse sentido, o estudo da interatividade contribui para uma melhor compreensão do fenômeno cognitivo, pois, se as ações do usuário não forem correspondidas satisfatoriamente pela configuração do programa, a aprendizagem tende a igualar-se às situações didáticas sem o uso da informática.

É conveniente destacar que o significado original do termo interatividade pressupõe um contato direto entre interlocutores humanos, envolvidos em um processo estruturado de comunicação. Uma ilustração

Interatividade e simulação

adequada de uma tal situação é o uso do telefone ou da comunicação estabelecida através da rede mundial de computadores, através de *sites* que oferecem a oportunidade do bate-papo *online*. Entretanto, com a evolução da informática e com maior facilidade de acesso ao espaço virtual, esta idéia original de interatividade tende a ser flexibilizada, no sentido de envolver situações mais amplas de comunicação não presencial entre pessoas. Desde as mensagens registradas na secretária eletrônica, passando pelo correio eletrônico e pelo *diálogo* que o usuário estabelece com um hipertexto, temos situações interativas no sentido flexibilizado do termo. A rigor, nesses casos, não se tem uma comunicação direta e simultânea entre interlocutores humanos, mas o usuário interage com uma série de informações fornecidas pelo suporte tecnológico. Esta parece ser uma tendência sinalizada para a compreensão da noção de interatividade em relação ao novo cenário pedagógico da era digital.

Diante das crescentes restrições impostas pelo ritmo acelerado da sociedade digital, no contexto escolar, será praticamente inviável manter todas as situações didáticas, envolvendo somente interlocutores humanos. Como conseqüência dessa realidade, é provável que os alunos sejam levados a se comunicarem cada vez mais com interfaces computadorizadas. É de se esperar que haja também uma diminuição da interação presencial entre professores e alunos. O tempo da oralidade direta, pressupondo a presença simultânea do professor e do aluno, tende a ser redimensionado para uma utilização mais racional. As relações humanas, valorizadas por certas concepções pedagógicas, como praticava Sócrates, parecem não ser mais compatível com o mundo tecnológico. Essa condição é cada vez mais escassa no mundo

145

imposto pelo cronômetro. O pressuposto de que a lenta interação pessoal entre o mestre e discípulo vai pouco a pouco contribuindo para a apreensão dos saberes perde espaço diante de um ritmo frenético imposto pela sociedade da era digital.

De uma forma geral, no contexto da educação escolar, percebe-se uma tendência de acelerar a redução de interlocutores humanos na condução das práticas educativas. O tempo de disponibilidade das pessoas torna-se cada vez mais escasso para cultivar encontros efetivamente pessoais para discutir a educação. Por certo, as novas dinâmicas de aprendizagem devem incluir uma disponibilidade maior para interação das pessoas com os computadores, e essa interação tende a ser regida por uma refinada rede digital de controle. Por certo, a eficiência dos sistemas didáticos passará a depender muito mais do efetivo grau de interatividade permitido pelos programas utilizados com as fontes de informação. Se por um lado há uma tendência de diminuição das oportunidades do contato pessoal, por outro, deverá aumentar a interação com as amplas fontes de informação, surgindo nesse aspecto uma maior exigência da competência da autonomia e da independência na busca do conhecimento.

Por intermédio do espaço virtual, torna-se possível expandir a criação de situações didáticas, envolvendo uma comunicação simultânea entre um certo número de interlocutores. Quanto a esta presença virtual, num processo de comunicação on-line, a interatividade assume uma importância ainda mais específica. Este é o caso, por exemplo, das teleconferências dotadas de dispositivos que permitem aos participantes interagirem entre si. Embora esta seja uma situação não muito usual, portanto não adaptada ao controle previsto nos métodos

Interatividade e simulação

tradicionais de sala de aula, não pode ser desconsiderada como um ponto de reflexão para uma redefinição do sistema didático. A possibilidade da presença virtual na prática educativa redefine as noções de espaço e de tempo e diversifica o conceito de situações didáticas. Por envolver interlocutores humanos, trata-se de uma situação em que a interatividade se faz com maior pertinência em relação ao sentido original do termo.

Um só usuário tem condições de disponibilizar suas mensagens para vários outros usuários, estabelecendo uma cadeia de comunicação voltada para a obtenção de novas informações e, conseqüentemente, para a constituição de novos conhecimentos. A meu ver, este é um exemplo de transformação significativa no sistema didático, sobretudo, no que diz respeito ao controle das fontes de informação. Os dispositivos tecnológicos que viabilizam canais de televisão com programação exclusiva para a qualificação de professores é um outro exemplo de situação fazendo uso diferenciado da interatividade. No contexto escolar, na maioria das situações interativas atualmente previstas através do computador, certamente não envolverá interlocutores humanos. Assim, a rigor, não há um caráter bidirecional da interação, pois, na realidade não há um diálogo entre um emissor e um receptor de mensagem.

Essa ausência de interlocutor humano é o caso da grande maioria dos programas educacionais disponíveis no mercado. Assim, para os objetivos educacionais, torna-se necessário admitir uma flexibilização do conceito onde, mesmo na ausência de um interlocutor humano, o usuário tenha uma oportunidade mais ampla de receber estímulos decorrentes das informações disponibilizadas pelo programa. Nessa perspectiva, o desejável é que tais programas envolvam cada vez mais situações diversificadas de troca de informações entre o usuário e a máquina, visando favorecer o processo de aprendizagem.

Além da educação, diversas áreas relacionadas à comunicação mostram também interesse pelo estudo da interatividade. Este é caso dos trabalhos relatados por Primo (1999) na área de comunicação social, estudando a interatividade por ocasião do início da chamada televisão interativa no Brasil. Este autor destaca a importância de diferenciar a interatividade da reatividade, lembrando que o sentido original não prevê somente o caso de envio de mensagens num único sentido. Uma reatividade está relacionada simplesmente ao envio de um estímulo por parte do receptor de uma mensagem através de um recurso tecnológico, o que mostra que a interatividade é uma noção mais próxima de uma situação de comunicação.

Cada mensagem recebida deve dar origem a uma outra mensagem, cujo significado existe por inteiro. Segundo Primo, no caso das primeiras experiências de televisão interativa no Brasil, a participação do telespectador na escolha do final de uma novela ou na escolha de uma programação não caracteriza uma verdadeira dinâmica interativa. Ele somente pode intervir através de um código numérico expresso pelo telefone. Não deixa de ser uma forma de interferência, mas, a rigor, não caracteriza-se como uma dinâmica interativa.

Da mesma forma como no caso da televisão interativa, muitos softwares apresentam também um nível bem limitado de interatividade, pois oferecem ao usuário somente um número reduzido de opções de escolha. Este é o caso dos primeiros programas educativos de computador produzidos ainda sob a influência do movimento tecnicista. Através dos chamados módulos

Interatividade e simulação

instrucionais, o aluno era levado a fazer uma opção em uma situação que lhe oferecia uma reduzida margem de escolha. Os primeiros programas do tipo tutorial geralmente também apresentavam um nível restrito de interatividade. Entretanto, na medida em que os recursos da multimídia foram sendo desenvolvidos, programas do tipo hipertexto, de simulação ou modelagem ampliam as condições de explorar a interatividade.

A interatividade assume um caráter ainda mais especial quando se tem acesso às informações contidas no espaço virtual. Através da utilização deste suporte é possível criar situações envolvendo a comunicação simultânea entre um certo número de interlocutores. Esta possibilidade redefine as noções de espaço e tempo e possibilita à educação a estruturação de uma nova dimensão didática. Pelo fato de envolver interlocutores humanos, mediados por uma rede de interfaces, trata-se de uma das situações de melhor grau de interatividade. Em seguida, um só usuário pode inserir informações que poderão ficar disponíveis para outros usuários, estabelecendo uma cadeia de comunicação que desdobra-se em muitas outras vertentes. Nessa seqüência ainda podemos inserir os programas hipertextos que oferecem opções diversificadas ao usuário. Este passa a ter uma maior liberdade de interferência no universo das informações, o que pode ser feito através da divulgação de suas idéias para um grande número de pessoas.

Podemos destacar uma estreita relação entre as noções de virtualidade e interatividade. A ampliação da utilização educacional dos novos recursos tecnológicos apropriados para uma dinâmica interativa coincide com a chegada da realidade virtual em diversos setores da sociedade. A educação presencial tende a repartir seu

149

espaço com sistemas que adotem as dinâmicas virtuais. Se esta é uma tendência já encontrada em outros setores da sociedade, na instituição escolar é uma simples questão de tempo, pois experiências de educação à distância já se multiplicam com intensidade em diversas instituições. Nessa mesma linha de análise, podemos inserir os programas do tipo hipertexto que devem oferecer ao usuário um razoável número de opções de escolha para interação com diferentes dados e informações.

Em decorrência de prováveis mudanças na forma de organização dos modelos pedagógicos, a mídia interativa poderá trazer, por certo, novas condições de ampliação do sistema educativo escolar, onde um número maior de pessoas terá acesso aos bancos de dados e informações. Por vezes, temos a impressão de que este fato seria um indicativo de oportunidade para uma verdadeira revolução sobre as oportunidades de aprendizagem. Mas, na medida em que ampliam-se essas fontes tecnológicas do conhecimento, é natural esperar também a criação de outras estratégias, tentando cercear essa possível revolução educativa. Por esse motivo, o domínio educacional das tecnologias da inteligência por uma parcela mais expressiva da sociedade nos parece ainda um desafio mais complexo do que aquele caracterizado pelo uso dos recursos mais usuais vinculados à aprendizagem escolar.

Diferentes graus de interatividade

No contexto didático escolar, nossa intenção é conceber que a interatividade qualifica uma situação de aprendizagem na qual o sujeito estabelece com um certo suporte de interlocução uma troca de informações. Este suporte de interlocução pode envolver, além de

Interatividade e simulação

elementos humanos, até mesmo equipamentos tecnológicos programados para estabelecer um padrão delimitado de comunicação. Pensamos não ser adequado qualificar a interatividade como uma participação ativa do sujeito, tendo em vista que sempre existe em tais situações um grau de participação. Por exemplo, há uma reduzida interação quando o aluno ouve passivamente a exposição oral de um professor. Existe interação porque o indivíduo, ao receber uma informação, manifesta-a de alguma forma, podendo ser até mesmo muito discreta. Pequenos gestos, como balançar da cabeça e retorcer a boca, são manifestações de um sentimento e podem existir como forma de expressar uma situação de interação. No pior caso, não há um diálogo efetivo entre o professor e o aluno, mas apenas um certo grau de reação, o que significa uma situação altamente indesejável para caracterizar uma situação de aprendizagem.

Seguindo esta linha de raciocínio, as situações interativas podem ser diferenciadas em grau de envolvimento entre os interlocutores. Mesmo que esse conceito não dependa da tecnologia, estamos supondo que o uso de recursos digitais pode contribuir na expansão de situações interativas, ou seja, as mídias digitais podem expandir o grau de interação. Quando se trata da utilização de um software educacional, admitimos que existe maior interatividade na medida em que o usuário exerce, com maior freqüência, a troca de informações qualitativas. Por exemplo, no caso em que a criança, ao brincar com um videogame, apenas fornece à máquina um grande número de toques repetitivos no teclado, não podemos comparar esse tipo de interação com outras situações onde ocorre informações mais voltadas para o conhecimento intelectual, ou seja, não restrito

151

aos níveis mais reativos do reflexo manual, embora sejam estes coordenados pelo sistema nervoso central. Assim, o maior grau de interatividade, do ponto de vista educacional, equivale a uma intensa troca de informações qualitativas para a elaboração de conhecimentos relacionados aos saberes escolares. Tudo depende da qualidade de informações a serem trocadas pelos interlocutores no transcorrer da interatividade.

Simulação como antecipação do conhecimento

A simulação é um momento específico de uma situação de aprendizagem, no qual o sujeito tem a possibilidade de perceber e de manipular parâmetros, invariantes ou aspectos que intervêm diretamente na elaboração dos conceitos e dos conhecimentos em questão. Tal situação favorece o reconhecimento de casos particulares e assim contribui para a formação da generalidade e da abstração do conceito visado. Na realidade, a simulação é uma noção já existente nas situações clássicas de aprendizagem. Entretanto, o interesse por ela assume um estatuto diferenciado a partir de programas educativos criados para desenvolver esse tipo de aprendizagem, a qual torna-se mais significativa para a compreensão do aluno.

No caso da educação da matemática, por exemplo, em que se valoriza situações envolvendo provas e demonstrações de teoremas, mesmo que a simulação não seja um conhecimento adequado à formalização desse tipo de argumentação, ela desenvolve o senso intuitivo e prepara o espírito do aluno para a apropriação de níveis mais amplos de generalidade.

De maneira geral, no que se refere à aprendizagem escolar, cumpre salientar que a facilidade de manipulação, através do computador, de gráficos, tabelas e outros dados, permite uma ampla variabilidade de situações auxiliares à formação dos conceitos envolvidos. Além disso, observa-se que a aprendizagem de um conceito torna-se mais significativa na medida em que o aluno é capaz de reconhecê-lo numa diversidade de situações, ou seja, de simular o conhecimento nessa diversidade. Assim, a simulação enriquece a dinâmica de aprendizagem e a referência aos casos experimentados contribui na formação do significado do saber.

No caso de programas destinados à visualização de figuras representativas de conceitos, em que as tais figuras sejam dotadas de movimento, não se trata mais da representação por um único ponto de vista como nas perspectivas estáticas, tais como aquelas que se encontram nas páginas do livro. A variabilidade dos ângulos e a inclusão do movimento permitem uma mudança radical do processo de representação. Mesmo que a inclusão do movimento possa não estar prevista no estudo de um certo conceito, acreditamos que isso não nega a aprendizagem dos conceitos disciplinares clássicos, pelo contrário, esse novo recurso possibilita uma diversidade de situações para uma melhor precisão das noções estudadas, podendo, assim, contribuir para a precisão da aprendizagem dos conceitos estudados na escola.

O conhecimento simulado não é de natureza teórica e nem chega a ser de natureza experimental; situa-se entre esses dois pólos com a diferença de permitir maior dinâmica na formação de conceitos e na realização da prática. Pertence, portanto, a um território onde se aplica o racionalismo aplicado, onde aspectos básicos de conhecimento, tais como a intuição, a experiência e a teoria, passam de uma configuração estática para uma dinâmica mais autêntica, na qual o movimento contribui na elaboração das idéias. Por exemplo, não é necessário construir um prédio para ter uma idéia de seu estilo e de suas formas; programas de computadores permitem antecipar, com uma boa proximidade, aspectos finais da construção. Essa possibilidade de antecipação da imagem final da obra favorece mudanças conceituais e contribui na redefinição do objeto a ser construído. Nesse exemplo, o aspecto experimental é representado pela efetiva construção do prédio, concebido pela criação do arquiteto.

Segundo Lévy (1998), o conhecimento por simulação é um dos "novos gêneros de saber" que o suporte das redes informatizadas transporta para todos os lugares. Programas específicos de simulação permitem uma percepção mais ampla do que aquela possível pela representação gráfica de casos particulares. Por mais qualitativa que seja essa representação, sobre o papel, será sempre estática. Esta diferença é marcante porque permiti incorporar à aprendizagem o uso de um novo modelo cognitivo. O envolvimento com um conhecimento simulado possibilita desenvolver melhor a intuição e assim contribui para a formação básica do conhecimento teórico. Por essa razão, a simulação enriquece o processo de aprendizagem.

Se por um lado a simulação se caracteriza como uma importante inovação para enriquecer as estratégias de aprendizagem, sua utilização deve ser também revestida por uma vigilância atenciosa. Este é o caso, por exemplo, de não induzir uma permanente relação de causa e efeito nos diversos fenômenos característicos encontrados vida cotidiana. Nem todas as situações se inserem nesse tipo de relação funcional que tende a se caracterizar como uma visão positiva do mundo. Fazendo referência à relação de causa e efeito, permitida pelo uso da simulação, Lévy (1993) destaca o enriquecimento da intuição: "a manipulação dos parâmetros e a simulação de todas as circunstâncias possíveis dão ao usuário do programa uma espécie de intuição sobre as relações de causa e efeito presentes no modelo".

Simulação e interação são idéias fortemente interligadas no sentido de que simular é interagir. No exercício da simulação está em jogo também o exercício de interação. As informações obtidas através da simulação incluem também uma conivência entre estímulos e respostas. Os programas contendo planilhas associadas à possibilidade de registrar fórmulas exemplificam o processo de simulação. Os dados registrados na planilha são processados pelo algoritmo nele embutido. Se os dados forem alterados, o usuário pode simular uma nova situação, obtendo um novo resultado. A facilidade desse processo estimula a aprendizagem através de várias possibilidades de combinação dos dados.

Experiências que não podem ser ainda realizadas, quer pela limitação de laboratórios ou pela amplitude de seus elementos, tornam-se possíveis através da simulação. Modelização de situações previsíveis passam a controlar o fluxo financeiro de empresas. A rotina de movimentação interna de um hospital ou de uma biblioteca permite prever um certo número de situações, as quais podem ser simuladas num programa de computador. Envolve economia de recursos, tempo, minimiza a possibilidade de erros, enfim, racionaliza numa dimensão diferenciada toda a vida da instituição ou da empresa. A vantagem do uso de uma simulação é auxiliar o usuário a tomar decisões, o que é decisivo, por exemplo, diante dos desafios do mercado globalizado, na economia internacional e até mesmo nas estratégias de decisão militares.

A simulação não substitui nenhuma exigência das tarefas tradicionais de compreensão do saber, apenas dinamiza o processo de aprendizagem. Para destacar esta tendência conceitual, do ponto de vista pedagógico, indagamos a propósito da simulação no contexto mais específico da aprendizagem escolar, onde o aluno é levado a manipular variáveis, analisar casos particulares, fazer experiências, cálculos e estimativas. Entretanto, mesmo que tais experimentações possam, porventura, serem feitas num ritmo mais dinâmico pelos suportes digitais, onde imperam precisão, rapidez e eficiência, nos parece provável a necessidade de manter, em paralelo, o tempo de reflexão sobre essas ações. Por certo, o resultado do uso da tecnologia tende a ser positivo para a aprendizagem, mas é preciso destacar esse aspecto de complementar entre a potência da máquina e a intensificação do raciocínio humano.

No caso da representação por meio de uma figura estática, tal como ocorre nas páginas do livro, a simulação pode adicionar a componente do movimento, que tende a enriquecer o contexto cognitivo, permitindo ao aluno a não centralização de sua atenção num único ponto de vista, ângulo ou detalhe. A incorporação do movimento por programas especializados em simulação pode oferecer melhores condições para a formação de imagens mentais associadas aos conceitos estudados. Em particular, essas imagens exercem uma função primordial na representação do conhecimento, tal como abordei em um artigo destinado ao estudo dos aspectos intuitivo, experimental e teórico do conhecimento geométrico (1996). Entretanto, através da simulação, essas representações estáticas podem ser ampliadas e, assim, melhor contribuir na elaboração conceitual.

PALAVRAS PARA UMA (IN)CONCLUSÃO

Os aspectos levantados nos capítulos precedentes se referem a uma abordagem inicial de questões didáticas diante do desafio condicionado pelas novas tecnologias da informática. Nossa opção foi falar dessas questões por meio de conceitos que articulam interesses de diferentes áreas do currículo escolar. Buscar conhecer melhor as alterações que conduzem a uma nova era na educação certamente permitirá esboçar uma epistemologia dos saberes escolares e, como resultado mais imediato, práticas pedagógicas mais próximas do uso da informática no contexto da educação escolar. Em nenhum momento tivemos a intenção de fechar a questão ou anunciar pretensas verdades definitivas sobre tais questões. É um exercício de reflexão, visando lançar um traço coletivo mais audacioso para a prática educativa.

Nessa diversidade efervescente de transformações, somos levados a repensar concepções, métodos, valores sobre os saberes disciplinares, a flexibilizar nossa visão de cultura e a desenvolver uma *disponibilidade de espírito* para as transformações necessárias diante dos desafios do mundo contemporâneo. Na compreensão da cultura digitalizada, a aprendizagem não mais significa flutuar como náufrago em turbilhões de informações. É preciso saber o que fazer com elas, sintetizá-las em forma de algo que esteja sob o domínio do sujeito. Nesse sentido, o conhecimento continua tendo sua dimensão subjetiva, mas sua elaboração está também vinculada ao social, tal como ilustra a idéia de valorizar os coletivos inteligentes.

Para esboçar algumas tendências do movimento de inserção da informática na educação, damos prioridade a um enfoque didático, buscando destacar suas implicações na prática pedagógica. Nessa perspectiva, a primeira indagação a ser feita refere-se às influências que a informática condiciona na constituição dos próprios saberes. Mesmo que persista a idéia comum de que os computadores sejam apenas instrumentos para aprender os mesmos saberes clássicos, destacamos exemplos para mostrar a possibilidade de ampliar o próprio universo conceitual, tal como o caso das representações dinâmicas no contexto pedagógico.

Partimos da concepção que os **saberes escolares** se situam entre os saberes científicos e os saberes do cotidiano; são saberes regidos por condições próprias, específicas da educação e diferenciadas daqueles das ciências. Seus valores estão voltados para as ciências, porém, diferenciam-se dos valores científicos no sentido acadêmico do termo. Por outro lado, os conteúdos

Palavras para uma (in)conclusão

curriculares não têm as mesmas características dos saberes do cotidiano, pois representam um movimento de passagem desse nível para os saberes formais. Esta concepção mostra a existência de uma especificidade da educação com suas projeções nas diversas áreas. Assim, ao falar em possíveis alterações dos saberes escolares em conseqüência do uso da informática, levamos em contra essa dupla fonte de influência: ciência e cultura.

No contexto da sociedade da informática, a incorporação das novas tecnologias digitais na educação poderá levar a uma *ampliação da racionalidade* de seus usuários? Na medida em que as máquinas passam a realizar grande parte das atividades repetitivas relacionadas à aprendizagem, pode ocorrer a liberação da mente para realizar atividades mais próximas da criatividade. Com o uso dessa tecnologia torna-se possível diversificar não somente as diferentes linguagens na educação, como também as formas variadas de representação, além de multiplicar as condições de acesso às informações. Na medida em que se consegue essa diversificação, aumenta a possibilidade de ocorrer uma aprendizagem mais significativa.

Um dos aspectos que pode ser alterado em função do uso da informática na educação é a perspectiva de concepção quanto à *possibilidade de articulação* entre as diversas disciplinas que constituem o saber escolar. Essa articulação pode ser realizada com maior facilidade em decorrência das amplas fontes de informações disponíveis na rede mundial de computadores. A necessidade dessa mudança é uma oportunidade para repensar as práticas pedagógicas e indagar sobre o seu significado para a transformação da educação. O desafio é conciliar as condições de disponibilidade de cada um com uma nova postura frente aos saberes específicos e o mundo compartilhado pelos demais educadores e educandos.

A didática é uma disciplina de *multiplicidades,* e ao descrever sobre as implicações do uso da informática na prática pedagógica, tentamos evidenciar sempre essa condição. Trabalhar com a diversidade de dimensões que constituem o fenômeno cognitivo não é simplesmente sobrepor dimensões superiores, como se estivéssemos construindo um edifício dos saberes. A multiplicidade não é concebida como uma sofisticação do pensamento, pelo contrário, essa interpretação se completa a partir do simples. No plano educacional, o múltiplo se constitui por todos os indivíduos, sem uma única exceção sequer. A única possibilidade a ser negada é aquela que entende existir sempre o caminho absoluto da radicalidade e do dualismo absoluto. Talvez seja por isso que Deleuze insiste em valorizar a dimensão n - 1. Ao subtrair uma só unicidade, o caminho da radicalidade, recaímos na dimensão n - 1 do múltiplo. É assim que pretendemos nos aproximar do conceito de rizoma, que é a própria expressão do múltiplo.

Ao compreender o fenômeno da aprendizagem a partir do antimodelo do *rizoma,* tentamos evitar qualquer tipo de exclusão ou de separação. É por esta via que podemos compreender a estranha afirmação de que os ratos também são rizomas, tal como são as formigas e abelhas em seus mais diversos emaranhados de fraternidade, labor e convivência não linear. Como ampliar essa interpretação proposta por Deleuze? Como projetar o modelo do rizoma no contexto da educação e de seus filamentos com as redes múltiplas de informações? Como estender os filamentos do rizoma para abranger a diversidade na educação escolar através do uso das novas tecnologias? Um princípio lembrado por Deleuze para caracterizar uma visão rizomática é a conexão, lançar sempre articulações em busca de novos significados.

Entretanto, para violar a impostura da linearidade, não há como descrever o *primeiro* princípio, pois todos os princípios são lançados por meio de uma rede de conexões. Um rizoma não tem começo nem fim, pois está sempre atuando entre partes articuladas, daí o uso extensivo de conectivos que possam sempre aproximar novas propostas de conexão e de sentido. As pontas do rizoma jamais se fecharam em si mesma, estão sempre procurando novos substratos para multiplicar seus tentáculos. No plano tecnológico, a expansão do uso dos computadores pessoais e do número crescente de assinantes da rede mundial de informações exemplifica esta disponibilidade de sempre lançar novas conexões.

Em síntese, ao terminar este texto, certamente somos obrigados a confessar que temos mais dúvidas do que tínhamos por ocasião das primeiras páginas; mas para trabalhar com educação escolar, acreditamos ser preciso ter a disponibilidade para sempre expandir nossa própria consciência e ter a liberdade para criar nossas próprias questões. Por certo, não conseguimos nos libertar do dualismo, mas avançamos em reconhecer a necessidade de cultivar uma vigilância didática para amenizar os seus efeitos limitadores para a educação. Tentamos fazer uma crítica ao império absoluto do dualismo na educação escolar através do uso de uma máquina, cujo funcionamento se baseia essencialmente em uma lógica binária. Mas, se houver uma incômoda contradição nessa última frase, ela servirá de ponto de conexão para os próximos momentos de leitura, reflexão e ação.

REFERÊNCIAS BIBLIOGRÁFICAS

ALMEIDA, F.; FONSECA Júnior, F. *Criando ambientes inovadores.* Coleção Informática para Educação. Brasília: MEC. Secretaria de Educação à Distância, 1999.

ALMEIDA, F.; FONSECA Júnior, F. *Aprendendo com projetos.* Coleção Informática para Educação. Brasília: MEC. Secretaria de Educação à Distância, 1999.

ALLIEZ, E. *Deleuze filosofia virtual.* Rio de Janeiro: Editora 34, 1996.

ASSMANN, H. *Metáforas novas para reencantar a educação.* Piracicaba: Unimep, 1998.

ASSMANN, H. *Reencantar a educação rumo à sociedade aprendente.* Petrópolis: Vozes, 1998.

BACHELARD, G. *A formação do espírito científico.* São Paulo: Contraponto, 1996.

BACHELARD, G. *Filosofia do não.* Coleção Os Pensadores. São Paulo: Abril, 1978.

BACHELARD, G. *Racionalismo Aplicado.* Rio de Janeiro: Zahar Editores, 1977.

BECKER, I. *Pequena História da Civilização Ocidental*. São Paulo: Nacional, 1974.

BORBA, M. e PENTEADO, M. *Informática e educação matemática*. Belo Horizonte: Autêntica, 2001.

BRETON, P. *História da Informática*. São Paulo: UNESP, 1999.

BROUSSEAU, G. *Fondements et méthodes de la didactique des mathématiques*. In: *Didactique des Mathématiques*, BRUN, J. (org.), Delachaux et Niestlé, Paris, 1996.

CHAVES, E. *Tecnologia e educação*. Coleção Informática para Educação. Brasília: MEC. Secretaria de Educação à Distância, 1999.

CHEVALLARD, Y.. *La transposition didactique*. Paris: La Pensée Sauvage, 1991.

DAVIS, P. e HERSH, R.. *A experiência matemática*. Rio de Janeiro: Francisco Alves, 1985.

DELEUZE, G.; GUATTARI, F. *Mil platôs*. Coleção de 05 volumes. Rio de Janeiro: Ed. 34, 1996.

DELEUZE, G.; GUATTARI, F. *O que é Filosofia*. Rio de Janeiro: Editora 34, 1997.

DELEUZE, G. *Crítica e clínica*. Rio de Janeiro: Editora 34, 1997.

DELEUZE, G. "O atual e o virtual". In: *Deleuze Filosofia Virtual,* de Éric Alliez. São Paulo: Editora 34, 1996.

FILLOUX, J. *Du contrat pédagogique*. Paris: L'Harmattan, 1996.

FRANCO, M. *Ensaio sobre as tecnologias digitais da inteligência*. Campinas: Papirus, 1997.

GUATTARI, F. *Caosmose Um Novo Paradigma Estético*. Editora 34. Rio de Janeiro, 1998.

JAPIASSU, H. Prefácio ao livro de Ivani Fazenda *"Integração e Interdisciplinaridade"*. São Paulo: Loyola, 1996.

KLINE, M. *O fracasso da matemática moderna*. São Paulo: Ibrasa, 1978.

LÉVY, P. e AUTHIER, M. *As arvores de conhecimentos*. São Paulo: Escuta, 1995.

LÉVY, P. *A ideografia dinâmica*. São Paulo: Loyola, 1998.

LÉVY, P. *As tecnologias da inteligência*. São Paulo: Editora 34, 1993

Referências bibliográficas

LÉVY, P. *Inteligência coletiva*. São Paulo: Loyola, 1998.

LÉVY, P. *O que é o virtual?* São Paulo: Editora 34, 1998.

MATURAMA, H. e VARELA F. *A árvore do conhecimento*. Campinas: Psy, 1995.

NICOLACI-DA-COSTA, A. *Na malha da rede*. São Paulo: Campus, 1998

PAIS, L. *Intuição, experiência e teoria geométrica*. Revista *Zetetiké* nº 6. Campinas: Unicamp, 1996.

PAIS, L. *Didática da matemática: uma análise da influência francesa*. Belo Horizonte: Autêntica, 2001.

PETERS, M. *Pós-estruturalismo e filosofia da diferença*.Belo Horizonte: Autêntica, 2000.

PRADO, M. *O uso do computador na formação do professor*. Coleção Informática para Educação. Brasília: MEC. Secretaria de Educação à Distância, 1999.

PRIMO. A. *Explorando o conceito de interatividade*. Texto disponível na Internet www.usr.psico.ufrgs.br/~aprimo/pb/pgie.htm em 26/06/02.

QUILLET, P. *Introdução ao pensamento de Bachelard*. Rio de Janeiro: Zahar, 1977.

VALENTE, J. A. *Computadores e conhecimento*. Campinas: Unicamp, 1998.

QUALQUER LIVRO DO NOSSO CATÁLOGO NÃO ENCONTRADO NAS
LIVRARIAS PODE SER PEDIDO POR CARTA, FAX, TELEFONE OU PELA INTERNET.

Rua Aimorés, 981, 8° andar – Funcionários
Belo Horizonte-MG – CEP 30140-071

Tel: (31) 3222 6819
Fax: (31) 3224 6087
Televendas (gratuito): 0800 2831322

vendas@autenticaeditora.com.br
www.autenticaeditora.com.br

ESTE LIVRO FOI COMPOSTO COM TIPOGRAFIA PALATINO, E IMPRESSO
EM PAPEL OFF SET 75 G. NA DEL REY GRÁFICA R EDITORA.
